일본 사회의 서벌턴 연구 1

정치권력과 서벌턴

한국외국어대학교 일본연구소
일본사회의 서벌턴연구 총서 01

일본 사회의 서벌턴 연구 1

정치권력과 서벌턴

문명재 · 김영주 · 양익모 · 박상도
강소영 · 오성숙 · 금영진

제이앤씨
Publishing Company

머리말

　2022년 현재 한일 양국의 불화가 그 어느 때보다 심하다. 일본의 식민지배에서 벗어난 지도 꽤 오랜 시간이 흘렀음에도 우리는 아직도 식민지배의 트라우마로부터 자유롭지 못하다. 시간이 지날수록 가해국 일본과 피해국 한국(북한을 포함)이라는 도식은 더욱 고착화하고 또한 견고해지고 있다. 우리 국민 10명 가운데 8명이 "친일 잔재가 청산되지 않았다"라고 생각하고 있으며, 일본에 "호감이 가지 않는다"는 대답이 69.4%, "호감이 간다"라고 대답한 사람은 19.0%다. 2019년 2월 문화체육관광부가 발표한 여론조사 결과다. 일본을 부정적으로 보는 수치는 해마다 증가하고 있다. 왜 이렇게 됐을까?

　한일 양국의 불화의 역사는 그 뿌리가 깊다. 고대 한일관계는 협력과 부조(扶助)의 역사보다는 지배와 피지배의 허구를 상상하고, 근대의 한일 양국은 식민지배를 둘러싼 가해와 피해의 역사만을 기억하려 한다. 한국 사회의 강한 민족주의의 발흥과 일본의 극우 보수 정권의 역사수정주의자들이 근대 이후의 한일관계를 자국 중심적으로 해석함으로써 한일 양국은 또다시 반목과 불화의 긴 터널 속으로 빠져들고 있다. 이에 자국 중심의 역사 인식에서 벗어나

5

심화한 갈등의 요소들을 상호 이해 속에서 객관적으로 이해하며, 이를 바탕으로 한일 양국의 해묵은 갈등 구조를 해소하고 미래지향적 관계 구축에 이바지하는 인문학적 성찰이 그 어느 때보다도 절실히 요구되고 있다.

국내에서 지역연구로서 일본 연구의 역사는 일천할 뿐만 아니라 연구 환경 또한 그리 녹록지 않다. 그러나 최근 들어서는 인문사회학적 관점에서 일본을 이해하고자 하는 총합적, 학제적 연구가 활발히 진행되고 있고, 그 결과 예년에 비해 양적으로나 질적으로 우수한 연구 결과물이 빈출하고 있다. 그럼에도 불구하고 아쉬운 점은 기존의 일본 연구가 한일관계의 특수성으로 인해 국가와 민족을 중심으로 하는 거대 담론 위주로 식민지시기를 전후로 하는 특정 시기의 특정 주제에 집중되어 있다는 점은 일본학 전공자들이 극복해야 할 과제이다.

'동아시아의 호모커뮤니쿠스' 문화를 선도하는 한국외국어대학교 일본연구소는 1990년 정식 발족 이래 일본의 언어, 문학, 문화, 역사, 정치, 경제 등 인문·사회과학에 관한 총합적인 연구를 통하여 한국에서의 일본 연구뿐만 아니라, 학술지 간행, 학술대회 개최, 다양한 공동 연구 수행을 통해 동아시아 지역 상호 간에 지속 가능한 소통과 상생을 위한 다양한 학술·연구 활동을 전개해 오고 있다. 본 연구총서 <일본 사회의 서벌턴 연구 1-정치권력과 서벌턴>은 본 연구소가 2019년 <일본 사회의 서벌턴 연구: 동아시아의 소통과 상생>이라는 주제로 한국연구재단의 인문사회연구소지원사업(1단계 3년, 2단계 3년 총 6년)에 선정되어 진행하고 있는 공동연구의 결과물을 엮은 것이다.

　본 연구팀에서는 연구과제에 참여한 연구진의 연차별 연구성과 및 연구소 주최 학술대회와 콜로키엄에 참가한 외부 연구자와의 교류 성과를 모은 연구총서를 1년에 1권씩 6년간 총 6권을 간행하여 연차별 연구주제에 관한 연구성과물을 유기적으로 엮어냄으로써 본 연구과제의 목적과 성과를 명확히 하고, 이를 외부로 발신하여 제 학문 분야에서 활용할 수 있는 기초적 자료를 제공하고자 한다. <일본 사회의 서벌턴 연구 1－정치권력과 서벌턴>은 그 첫 번째 결과물이다.

　'서벌턴(Subaltern)'은 안토니오 그람시가 '프롤레타리아'라는 말을 대신해서 썼던 용어로, 1980년대 초 인도의 역사학자 라나지트 구하(Ranajit Guha)를 비롯한 일군의 역사학자들이 모여 기존의 식민주의적, 민족주의적인 관점에서 다루어왔던 인도의 역사 해석을 비판하고, 그동안 역사의 주체가 되지 못했던 인도 인민의 입장을 부각하기 위한 목적으로 이들을 '서벌턴'이라 지칭하며 연구를 시작했던 것에서 유래한다. 원래 영국 군대에서 대위(大尉) 이하의 하급 사관 혹은 낮은 서열에 있는 자를 가리키는 말로 사용되던 서벌턴이라는 용어를 군대와는 무관하게 주로 제3세계 국가의 하층민을 가리키는 이론적, 전략적 개념으로 만든 이는 이탈리아의 마르크스주의자 안토니오 그람시였다.

　그람시의 서벌턴 개념이 1970년대에는 남아시아, 특히 인도 사회의 비엘리트계층에 주목한 연구자들의 그룹 '서벌턴 스터디즈 그룹(Subaltern Studies Group)'의 연구 활동을 통해 포스트식민주의 이론에 도입되었다. 즉 서벌턴은 탈식민주의 이론의 개념어로 사회적·정치적·경제적·문화적으로 소외된 사람들, 지배집단에 예속되어 있는 하층민, 하위주체, 종속계급 등으로 번역되며 계급·카스트(caste)·연령·젠더(gender)·지위를 비롯한 모든 층위에서 권력관계에 종속된 상태에 있는 사람들을 가리키는 용어라고 할 수 있다. 또한 엘리트들을 제외한 나머지 '민중(people)' 전체를 서벌턴으로 정의하기도 한다. 그리고 오늘날에는 분과적, 지역적 경계를 모두 넘어 역사학·인류학·사회학·인문지리학·문학 등의 분야에 있어서 종속적·주연화(周緣化)된 사회집단, 또는 하층계급 등, 행위의 주체자로서 사회적 지위를 얻지 못하고 있는 사람 혹은 집단을 가리키는 학술용어가 되었다. 따라서 권력관계의 여러 층위에서 지배계층의 헤게모니에 종속되어 있는 다양한 사회집단들을 가리키는 민중으로서의 서벌턴 개념은 고정적이고 통일적인 어떤 본질적 정체성을 전제하거나 계급이나 민족 등 어느 하나의 범주를 특권화하지는 않는다.

서벌턴 연구의 초기 단계에서는 서벌턴을 계급, 카스트, 젠더, 인종, 언어, 문화 등의 면에서 지배, 피지배 관계의 중심성을 지시하기 위해 사용하는 개념으로 정의되었다. 그리고 식민지화된 장소의 역사기술을 식민지를 지배·경영하는 측의 시점이 아닌 식민지배를 받는 측의 시점에서 파악한다는 새로운 관점을 제시하였다. 그리고 현재 서벌턴 연구는 탈민족주의, 탈식민주의, 탈구조주의의 이론과 문화연구가 교차함으로써 새롭게 생성된 학제적 연구영역에서 가장 역동적인 섹터가 되었다.

어느 시대 어느 지역에나 사회체제의 최하층과 말단 주변부에 존재해왔고 또한 지금도 존재하고 있는 이들 서벌턴의 삶은 국가와 민족의 경계가 무색하리만큼 서로 닮아 있다. 특히 한일 양국의 경우는 역사, 지리, 문화적 특수 관계 속에 서벌턴 양상의 보편성과 공통성이 차별성 못지않게 중요한 비중을 차지하고 있다. 이는 국가와 민족의 정체성과 고유성 이전의 인간의 존엄성에 관한 문제이며, 그런 의미에서 일본 사회의 서벌턴에 대한 조명은 인류의 상생과 화해, 소통을 지향하는 지역연구로서의 일본 연구라는 당면한 목적에도 부합되는 중요한 주제라 할 수 있다.

일본과 한국에서 서벌턴 연구가 시작된 것은 1990년대 말부터 2000년대 초반이다. 1990년대는 한일 양국에서 학제 연구로서의 일본 연구가 태동했던 시기로 서구의 문화이론을 본격적으로 차용하기 시작했던 때이기도 하다. 예를 들어 프랑스 학자들의 포스트모던 이론, 페미니즘과 탈구조주의, 탈식민주의 이론 등을 분석의 틀로 이용하는 연구가 활발히 전개되었다. 이러한 과정에서 탈식민지주의 연구 틀의 하나로서 서벌턴 연구가 시작되었다. 그러나 아직도 한일 양국에서의 서벌턴 연구는 초보적 단계에 머물러 있다. 이는 한일 양국의 식민지기 민중사나 사회사, 일상문화사 연구자들이 서양에서 수입된 이론과 방법론에 대해 상대적으로 무관심했기 때문이다.

그 결과 한일 양국에서의 서벌턴 연구는 하나의 은유로서 제국주의, 식민지 문화연구와 문학, 혹은 문화비평 영역에서 대항담론정도의 취급을 받아왔다. 다행히도 최근 들어 여성, 젠더, 섹슈얼리

티, 노동, 계급, 저항, 소수집단, 다문화 등과 관련된 다양한 서벌턴 연구가 활발히 진행되고 있다. 그러나 각각의 연구가 단편적 혹은 분절적으로 진행됨으로써 일본 사회의 총체적인 모습을 충분히 구상하고 있지는 못하다. 본 연구진이 지향하는 일본 사회의 서벌턴에 대한 학제적, 융복합적 공동연구의 의의가 여기에 있다.

본서 <일본 사회의 서벌턴 연구 1-정치권력과 서벌턴>은 연구책임자를 포함한 6인의 전임 혹은 공동연구원과 1인의 초빙 연구자의 연구성과물을 엮은 것이다. 수록 논문을 간략하게 소개하면 다음과 같다.

문명재는 <일본 고전으로 본 권력과 여성 핍박>에서 한 나라의 권력은 국가, 사회, 사상, 문화, 경제 등 여러 분야에서 다양한 형태로 존재하며, 권력은 약자에 대한 보호의 역할을 하는 순기능이 있는가 하면, 반대로 권력의 잘못된 행사로 인해 피지배자는 차별, 학대, 수탈, 희생과 같은 핍박을 강요당하기도 한다. 역사적으로 보았을 때 다양한 사회 계층 가운데 여성은 사회적 약자로 인식되어 왔고, 그만큼 권력의 폐해에 노출되는 경우가 많았음을 전제로 일본이라는 국가 안에서 과거에 어떠한 권력이 존재했고 다양한 권력 속에서 여성은 어떠한 존재였는지를 다양한 고전문학을 통해서 분석하였다. 일본의 전장에서 자의 타의를 불문하고 여성들이 성적 착취의 대상이 되어 온 사실, 황실의 권력과 여성 문제에 있어서 천황이 여성을 사유화하여 증여의 대상으로 여겼다든지, 한 여성을 2대에 걸쳐 천황의 부인으로 삼은 사례 등, 여성 핍박의 바탕에는 뿌리 깊은 여성 차별의식이 자리하고 있음을 규명하였다.

10

　김영주의 <정치권력과 이민족 전승－이민족 인식의 시대적 변화>은 일본 고전 속 이민족 관련 전승을 통시적으로 고찰함으로써 시대에 따라 변화하는 이민족 인식에 대해 살펴보고자 했다. 8세기 편찬된 「풍토기(風土記)」『고사기(古事記)』『일본서기(日本書紀)』에는 야마토 정권에 복속되지 않고 저항한 지방 세력에 대한 기록이 남아 있다. 규슈(九州) 남부의 하야토(隼人)와 구마소(熊襲), 일본 각지에 전승이 남아있는 쓰치구모(土蜘蛛), 동북 지방의 에조(蝦夷)가 그것이다. 이들은 중앙과는 구분되는 이질적인 풍습과 외모를 가지고 있으며, 문명화되지 않은 야만적인 집단으로 묘사된다. 전근대 일본인이 자신들과 다른 문화를 가진 이민족을 어떻게 이해하고 어떤 의미를 부여했는지에 초점을 맞추어 이민족 전승의 변화 양상과 그 속에 담긴 시대 담론을 살펴봄으로써 정치권력에 의해 재생산된 전승이 일본인의 이민족 인식에 미친 영향에 대해 생각해 보고자 했다.

　양익모의 <하치오지센닌도신(八王子千人同心)을 통해 본 에도시대 신분제의 모순>은 센닌도신은 무사로서의 임무를 수행하는 집단으로 시작되었지만 평화가 계속됨에 따라 박봉으로 인한 경제적 궁핍으로 임무시 이외에는 농업에 종사하여 백성의 역을 겸하는 존재가 되었음에 주목한다. 신분상으로는 농민의 취급을 받아왔으나 18세기에 들어와 무사의 신분의 상징인 종문개인별장(宗門改人別帳)에 성의 기입을 주장하는데 막부는 이러한 주장을 허가하지 않았지만 메야스바코(目安箱)를 통한 소송이나 나누시 겸업의 금지, 봉록이 적어 농업 겸업을 허가한다는 문서, 전답의 소지를 불허하는

11

등 무사로서의 취급을 하고 있었던 사료들이 다량 존재함을 밝힘
으로써 막부가 역(役)을 기준으로 사농공상이라는 신분제를 사회적
근간으로 채용하면서도 신분간의 경계에 있던 존재들에게 편의에
따라 신분을 규정하였다는 점을 지적한다. 이를 통해 에도 시대의
신분이 정치적, 국가적 질서에 의해 고정되었다는 것이며 에도막
부에 있어 정치적, 국가적 질서는 초기에 막부가 정한 신분제를 유
지시키기 위한 모순된 법적용에 의해 유지되었음을 밝혔다.

　박상도의 <만주사변(滿洲事變) 직후 프롤레타리아 시인의 사상적
경향-마키무라 코(槇村浩)의 수감생활을 중심으로>는 만주사변을
전후하여 일본제국주의에 구속되어, 수감생활을 했던 시인의 생애
와 작품에 초점을 맞추어 고찰한 것이다. 일반적으로 알려진 「간도
빨치산의 노래」의 시인의 면모는 깊은 서정성과 함께 사상성을 겸
비한 것이었지만 본 논문에서는 그의 강직한 사상의 면모를 수감
중에 집필한 두 작품 '떡의 노래-전농의 하야시 엔조 씨에게(餅の
歌-全農の林延造氏に一)'와 '도시코미 미네지로(同志古味峯次郎)'를 중심으
로 고찰하였다.

　강소영의 <일본군 '위안부' 문제 공론화와 일본 문학-후루야마
고마오(古山高麗雄)「매미의 추억」전후>는 1991년 8월 김학순 할머
니의 고발을 계기로 '위안부' 문제가 공론화한 이후의 작품인「매미
의 추억」을 중심으로 왜 작품명이 '매미의 추억'인가를 비롯하여,
그가 종종 언급했던 '수치심'의 기저에는 무엇이 있었고 그것은 그
의 '위안부' 인식과 소설 속 표상에 어떻게 작용했는지, 조선인 '위
안부'에 대한 차별적 시선을 보이려 한 것인지에 대한 의문을 풀어

보고자 했다. 또한 '위안부' 문제 공론화를 통해 나타난 역사·사회적 측면의 인식 변화뿐만 아니라 문학적 측면에 나타난 표상 변화를 '위안부' 문제를 둘러싼 정치적 맥락을 고려하며 고찰하고자 했다.

오성숙의 <피폭여성문학자 하야시 교코(林京子)의 원폭문학─원폭의 범죄성(정치권력)에 대항하는 서벌턴 여성 피폭자의 침묵과 증언을 중심으로>는 가야트리 스피박(Gayatri Spivak)의 '서벌턴'의 개념에 기초해서 '서벌턴은 말할 수 있는가'와 함께 순데르 라잔이 '서벌턴은 말할 수 없다'를 말의 '부재'가 아닌 말의 '실패'로 규정한 점에 교감하며, 서벌턴 여성 피폭자의 '목소리'에 주목한 논문이라 할 수 있다. 피폭여성문학 하야시 교코의 『없는 듯한』을 통해, 1980년의 원폭 담론과 원폭의 범죄성을 은폐하는 정치권력, 그리고 원폭의 위험성의 풍화에 맞서는 서벌턴 여성 피폭자의 침묵과 증언이 함의하는 바를 논해보고자 했다. 하야시 교코의 증언이자 원폭문학은 시공간을 넘어 인류의 생존을 위협하는 핵(원폭)의 범죄성을 상기시키는 작업이다. 궁극적으로 교코의 원폭문학은 핵에 우호적인 정치권력에 대한 대항이라고 할 수 있다. 이는 원폭신화 깨기, 전쟁체험의 풍화, 원폭체험의 풍화에 대한 경종이기도 했다.

금영진의 <한일 일용직 노동자 주거공간에서의 사건 사고를 통해 본 주거 빈곤 서벌턴 문제와 그 대책>은 어떤 문제들이 과거 일본의 서벌턴 공간에서 발생하였고 그 원인이 무엇이었는지를 우리와의 비교의 관점에서 살펴보고자 했다. 한국의 경우, 사할린과 군함도 징용 노동자들의 일화나, '함바 식당'이라는 표현에서도 알 수 있듯이 일본 일용직 노동 현장의 구조와 영향을 많이 받았음을

지적하며 구체적으로는 한국의 쪽방 또는 고시원에 해당하는 일본의 일용직 노동자 주거공간인 도야가이(ドヤ街)의 간이 숙박소 및 넷카페에서 과거 발생한 사건 사고에 대해 한일 비교의 관점에서 살펴보고자 했다.

한일 양국의 서벌턴 문제는 역사적 사건을 공유하며 정치·경제적으로 복잡한 관계망 속에 초국가적으로 얽혀있다. 서벌턴은 시대와 지역을 막론하고 사회체제의 최하층과 말단 주변부에 존재해왔으며 지금도 존재하고 있다. 이에 한일의 역사적, 문화적 특수 관계 속에서 핵심 관련자인 일본의 서벌턴 문제에 천착하여 창출한 연구성과를 엮은 본서가 궁극적으로 한국 사회의 서벌턴 문제를 이해하고 해결할 수 있는 단서를 제공할 수 있을 것으로 기대한다.

마지막으로 연구자 여러분과 이 책이 세상에 나올 수 있도록 출판을 허락해주시고 이렇게 멋진 책으로 만들어주신 제이앤씨의 윤석현 대표님, 실제로 실무 작업을 맡아주신 최인노 과장님께 감사의 마음을 전한다.

2022년 5월
연구진을 대신하여
문명재

차례

일본 고전으로 본
권력과 여성 핍박

문 명 재

1. 머리말

한 나라의 권력은 국가, 사회, 사상, 문화, 경제 등 여러 분야에서 다양한 형태로 존재한다. 그런데 권력은 약자에 대한 보호의 역할을 하는 순기능이 있는가 하면, 반대로 권력의 잘못된 행사로 인해 피지배자는 차별, 학대, 수탈, 희생과 같은 핍박을 강요당하기도 한다. 역사적으로 보았을 때 다양한 사회 계층 가운데 여성은 사회적 약자로 인식되어 왔고, 그만큼 권력의 폐해에 노출되는 경우가 많았다.

한편, 일본이라는 국가 안에서 과거에 어떠한 권력이 존재했고 다양한 권력 속에서 여성은 어떠한 존재였는지를 살펴보기 위해서는 고전문학이 효과적인 단서를 제공해준다. 특히 과거로 거슬러 올라갈수록 민중의 삶을 파악하기 위한 수단은 희박해지는데, 다행인 것은 신화로부터 시작하여 다양한 문학과 기록 속에 당시 민중의 삶이 투영되어 있어, 역사와 함께 문학은 매우 귀중한 자료라고 할 수 있다. 이러한 관점에서 본 고찰은 일본의 고전문학, 그 가운데서도 중세 이전의 작품을 소재로 하여 다양한 권력에 노출되어 핍박받던 여성에 초점을 맞추고, 그들의 다양한 呻吟을 들어보고자 한다.

2. 여성에 대한 일반적 인식

고대 일본 사회에서 여성의 위상은 어떠한 관점에서 바라보는가에 따라 달라질 수 있겠지만, 여기에서는 구체적인 권력과 관련된 여성의 입장을 살펴보기 전에 당시 사회에서 일반적으로 인식하고 있던 여성상을 보고자 한다. 보편적인 여성 인식을 알아보기 위해서는 다양한 분야의 고전을 살펴볼 필요가 있는데, 『古事記(고지키)』[1]의 신화와 『土佐日記(도사닛키)』의 일기를 포함한 몇 가지 대표적인 작품의 예를 통해서 알아보도록 하겠다.

---

1 일본 고유명사의 표기는 初出만 괄호 안에 읽기를 병기하도록 함.

a 『古事記』의 瓊瓊杵尊(니니기노미코토) 신화 - 美醜에 의한 차별

672년 壬申の亂(진신노란)에서 승리하고 大和(야마토)의 飛鳥(아스카)로 도읍을 옮긴 제40대 天武(덴무)천황은 천황 중심의 국가체제를 갖추기 위해 역사편찬사업을 기획하였다. 이 사업은 제43대 元明(겐메이)천황 때인 712년에 『古事記』가 상중하 3권으로 편찬됨으로써 완성되는데, 이 가운데 상권은 일본의 국토 창조로부터 제1대 神武(진무)천황의 탄생에 이르기까지를 신화의 형태로 기록하여, 황실 지배의 정당성을 확보하는 내용으로 되어 있다. 그 가운데 瓊瓊杵尊 신화에 나타난 天孫降臨 이후 혼인 장면을 보면 다음과 같다.

於是、天津日高日子番能邇々藝命、於笠沙御前、遇麗美人。爾、問、誰女、答白之、大山津見神之女、名神阿多都比売、(此神名以音。) 亦名謂木花之佐久夜毗売。(此五字以音。) 又、問、有汝之兄弟乎、答白、我姉石長比売在也。爾、詔、吾、欲目合汝奈何。答白、僕不得白。僕父大山津見神将白。故、乞遣其父大山津見神之時、大歡喜而、副其姉石長比売、令持百取机代之物奉出。故爾、其姉者、因甚凶醜、見畏而返送、唯留其弟、木花之佐久夜毗売以、一宿為婚。爾、大山津見神、因返石長比売而、大恥、白送言、我之女二並立奉由者、使石長比売者、天神御子之命、雖雪零風吹、恒如石而、常堅不動坐。亦使木花之佐久夜毗売者、如木花之栄々坐、宇気比弖(自宇下四字以音。) 貢進。此、令返石長比売而、独留木花之佐久夜毗売。故、天神御子之御寿者、木花之阿摩比能微(此五字以音。) 坐。故是以、至于今、天皇命等之御命不長也。[2]

21

이때 히코호노니니기노미코토는 笠沙(가사사) 곶에서 아름다운 여자를 만나 "누구의 딸이냐"고 물었더니 "오야마쓰미노카미의 딸로 이름은 가무아타쓰히메 또는 고노하나노사쿠야비메라고 한다"고 대답했다. 또 "그대는 형제가 있는가" 하고 묻자 "저의 언니인 이와나가히메가 있다"고 답했다. 그러자 니니기노미코토가 "나는 당신과 결혼하고 싶은데 어떠시오" 하고 말하자 "제가 대답하기는 어렵고 아버지인 오야마쓰미노카미께서 대답하실 것입니다" 라고 했다. 그래서 그녀의 아버지인 오야마쓰미노카미에게 사람을 보내 청혼했더니 오야마쓰미노카미는 매우 기뻐하면서 많은 수레에 실은 선물과 함께 언니인 이와나가히메도 함께 보냈다. 그러나 언니는 용모가 매우 추했기 때문에 니니기노미코토는 두려워서 그녀를 돌려보내고 단지 동생인 고노하나노사쿠야비메만 하룻밤을 같이 지내며 혼인을 했다. 오야마쓰미노카미는 니니기노미코토가 이와나가히메를 돌려보내자 매우 부끄러워하면서 답하기를 "내가 두 딸을 모두 보내드린 것은 이와나가히메와 살면 천신의 후손은 눈 내리고 바람 불어도 항상 바위처럼 변함없이 견고할 것이고, 또 고노하나노사쿠야비메를 아내로 삼으면 나무의 꽃과 같이 번성할 것을 기원하며 바쳤습니다. 그런데 이렇게 이와나가히메를 돌려보내고 고노하나노사쿠야비메 한 사람만 머물게 하였으니 천신의 자손은 그 수명이 나무의 꽃처럼 덧없게 될 것이오" 라고 말했다. 이리하여 지금에 이르기까지 천황의 수명은 長久하지 않게 된 것이다.

---

2 青木和夫 외 2인(1989) 『古事記』(日本思想大系1), 岩波書店, p.98.

瓊瓊杵尊 신화는 위 인용문의 직전에 서술된 天孫降臨 장면이 잘 알려져 있다. 천신 天照大神(아마테라스오미카미)는 瓊瓊杵尊가 하늘에서 내려올 때 八尺勾璁(야사카노마가타마) 鏡(가가미) 草那藝劒(구사나기노쓰루기)라는 三種神器를 지니고 신들과 함께 지상으로 내려가도록 했다. 구름을 뚫고 위풍당당하게 떠나온 그는 筑紫(쓰쿠시)의 日向(히무카)에 있는 高千穗(다카치호)라는 성스러운 봉우리에 도착하여, "此地者、向韓国、真来通笠沙之御前而、朝日之直刺国、夕日之日照国也. (이곳은 멀리로는 韓国(가라쿠니-고대 한반도)를 바라보고 있고 가까이로는 笠沙곶과 통하여 아침 해가 직접 비추는 나라이고 석양이 빛나는 나라이다. 그러니 이곳은 정말 좋은 땅이로다)" 라고 말한 후 궁전을 짓고 살았다. 그러다가 木花之佐久夜毗売를 만나 청혼을 하게 된 것이었다.

여기에서 그녀의 아버지 大山津見神가 木花之佐久夜毗売와의 혼인을 기쁘게 허락하면서 언니인 石長比売도 함께 보낸 것은 이유가 있었다. 즉 천신의 후손이 지상계에 살더라도 수명이 바위처럼 영원불변하고 나무의 꽃처럼 무한히 번창하기를 기원하기 위해서였는데, 언니가 못생겼다는 것을 이유로 돌려보냄으로써 결국 수명이 나무의 꽃처럼 한계가 있어 덧없는 것이 되고 말았다는 것이다. 따라서 이 일로 인해 지금에 이르기까지 역대 천황의 수명은 영원하지 않게 되었다는 것인데, 신들의 세계에서도 여성의 외모에 의한 차별과 핍박을 볼 수 있다는 점에서 흥미롭다. 결과적으로는 외모의 美醜로 여성을 차별한 것이 인간 천황의 수명을 유한하게 만들었는데, 그 과정을 들여다보면 신의 후예이자 現人神(아라히토가미)

로서의 천황을 부각하고자 한 의도가 내재되어 있음을 지적할 수 있을 것이다.

b『土佐日記』- 문자문화의 여성 차별

『土佐日記』는 土佐守(도사노카미) 임기를 마친 紀貫之(기노쓰라유키)가 임지에서 귀경하기까지의 55일간 뱃길을 날짜 별로 쓴 여행일기이다. 일본 최초의 일기문학작품으로 仮名(가나)문학의 선구이기도 한데, 일기의 첫머리를 보면 다음과 같이 시작하고 있다.

> 男もすなる日記といふものを、女もしてみむとてするなり。それの年の師走
> の二十日あまり一日の日の、戌の時に門出す。そのよし、いささかにものに
> 書きつく。[3]
> 남자도 쓴다는 일기란 것을 여자인 나도 써보려고 한 것이다. 어느
> 해 12월 21일 오후 8시쯤 출발. 그 여행길에 있었던 일을 약간 써두기
> 로 하겠다.

이 서문을 보면, '남자도 쓴다는 일기를 여자인 나도 써보려고 한 것이다' 라고 하여, 貫之는 마치 자기가 여성인 것처럼 가탁하여 일기를 쓰고 있다는 점이 주목된다. 某年은 貫之가 실제로 土佐 지방을 출발한 承平(조헤이)4년(934)을 말하는데, 당시의 일기란 남성 귀

---

3 菊地靖彦 교주・역(1995)『土佐日記 蜻蛉日記』(新編日本古典文学全集), 小学館 p.15.

족이나 관료들이 한문으로 기록한 것이 보통이었다. 그러다가 9세기 무렵부터 仮名가 보급되면서 한자는 남성 귀족의 문자로 真名(마나)라 한 것과 대비해 仮名는 仮の文字(가리노모지)라는 의미의 かりな(가리나)→かんな(간나)→かな(가나)가 되었고, 주로 여성들이 사용하는 문자라는 의식이 있었다. 용자법을 보아도 '真名'와 '仮名'로 표기하여 한자를 중시했던 의식을 읽을 수 있다. 따라서 남성 귀족이자 관료인 작자가 仮名로 일기를 쓰기에는 주저하는 바가 있었을 것이고, 또 하나는 여행길에서 겪었던 세세한 심정을 어려운 한문보다는 가나로 표현하는 것이 더 수월했던 점도 있었을 것이다. 이러한 연유로 그는 잠시 여성이 되는 편을 택했던 것으로 보이는데, 그의 심정은 일기의 마지막에서도 읽을 수 있다.

> 忘れがたく、口惜しきこと多かれど、え尽くさず。とまれかうまれ、とく破りてむ。[4]
>
> 잊기 어렵고 원통한 일들이 많지만 도저히 다 쓸 수 없다. 어쨌든 이런 것은 얼른 찢어 없애야 하겠다.

위의 문장을 통해 貫之는, 서문에서 보았듯이 여자로 가탁했던 어려움을 토로하고 있다. 마지막에 마치 이 일기를 없애려고 한 것처럼 보이지만 그의 본심은 아니었을 것이고, 다만 남자인 그가 여자가 되어 쓴 것에 대한 어색함을 감추기 위한 독백으로 보인다.

---

4 上揭書, p.56.

　이처럼 당시의 여성에게는 문자사용에 있어서도 차별이 있었고, 이는 일종의 남성 중심의 문화 권력이 작용했기 때문이라고 할 수 있겠다. 이후 仮名문자의 보급과 발달은 女房(뇨보)문학이라 불리는 궁정 여류문학을 꽃피우게 되고, 일본인들의 문자생활과 문화 향상에 커다란 역할을 하게 되는데, 당시 문자사용에 있어서도 남녀 차별 현상이 뚜렷했음을 貫之의 일기는 얘기해주고 있다.

c 『源氏物語(겐지모노가타리)』의 '若菜(와카나) 上' – 혼인형태에 따른 여성의 지위와 갈등

　平安(헤이안)시대 중기인 11세기초에 紫式部(무라사키시키부)가 쓴 『源氏物語』는 일본의 대표적인 고전문학으로 손꼽힌다. 당시의 사회 제도를 배경으로 하여 光源氏(히카루겐지)를 중심으로 한 여성들의 이야기가 전개되고 있는데, 남성 중심의 사회적 환경 속에서 살아간 여성들의 삶을 적나라하게 묘사하고 있다. 작품에서 紫の上(무라사키노우에)는 여주인공이라 해도 과언이 아닐 만큼 중요한 비중을 차지하는 인물인데, 다음 '若菜上'권의 인용문을 통해 그녀의 인생 굴곡의 한 부분을 살펴보도록 하겠다.

　　[十四] 新婚三日の夜、源氏の反省と紫の上の苦悩
　　三日がほどは、夜離れなく渡りたまふを、年ごろもならひたまはぬ心地に、忍ぶれどなほものあはれなり。

[14] 신혼 3일째 밤, 源氏의 반성과 紫の上의 고뇌

사흘 동안은 매일 밤 빠짐없이 女三宮(온나산노미야)에게 가셨으므로 지금까지 오랫동안 그런 일에 익숙하지 않던 紫の上의 심정은 참아보려고 했지만 역시 공연히 슬퍼졌다.

紫の上는 源氏의 正妻인 葵の上(아오이노우에)가 세상을 떠난 후 그의 저택 六条院(로쿠조인)의 안주인으로서 역할을 해오고 있었다. 그러나 그녀가 누리던 正妻格의 지위와 사랑에도 그림자가 드리우게 되는데, 朱雀院(스자쿠인)이 딸인 女三宮와의 혼인을 부탁하자 源氏는 그녀를 正妻로 맞이하게 된 것이다. 당시 혼례는 사흘간 계속되었는데, 위 인용문처럼 源氏가 사흘 동안 매일 밤 빠짐없이 女三宮에게 가게 되자 紫の上의 심정은 참으려고 했지만 왠지 모르게 슬픔에 젖게 된 것인데, 紫の上의 깊은 실망감이 느껴진다.

이와 같은 紫の上의 비애는 一夫多妻 내지는 一夫一正妻多妻의 혼인형태에서 비롯한 것이다. 즉 혼인과 같은 당시의 사회적 제도가 남성 중심 또는 우위의 인식을 바탕으로 하고 있었기 때문에, 紫の上는 女三宮의 등장에 겉으로는 변함이 없는 듯 처신하였으나 내심은 고통을 참고 견디며 지낼 수밖에 없었던 것이다. 이처럼 당시에는 紫の上와 같은 여성들의 삶이 당연하게 여겨졌는데, 이러한 제도에 의한 남녀차별도 일종의 사회 권력에 의한 여성 핍박으로 볼 수 있을 것이다.

d『今昔物語集(곤자쿠모노가타리슈)』: 여성 輕視의 일반적 풍조

제27권 제13화는 「近江(오미) 지방에 있는 安義橋(아기노하시) 다리의 귀신이 사람을 잡아먹는 이야기」라는 제목의 설화이다. 近江 지방에 아기노하시라는 다리가 있는데 이 다리에는 귀신이 살기 때문에 사람이 다니지 않는다는 이야기를 듣고, 한 남자가 친구들과의 언쟁 중에 호기를 부리고 이 다리를 건너다가 귀신에게 쫓기게 되었다. 겨우 살아 돌아온 남자는 근신을 하게 되었는데, 당시에는 근신을 하는 동안에는 아무도 만나서는 안 되는 원칙을 어겨서는 안 되었다. 그런데 갑자기 멀리 떨어져 사는 동생이 찾아와서 하룻밤 묵어가기를 청하니 물리칠 수가 없어서 안으로 들어오게 한 후 이런저런 이야기를 나누었고, 그의 아내는 옆에서 이들의 이야기를 듣고 있었다. 그런데 갑자기 두 사람의 언성이 높아지더니 엎치락뒤치락 싸우기 시작했다. 남편은 동생을 위에서 올라탄 후 곁에 있던 아내에게 베개 옆에 있는 칼을 달라고 소리쳤다. 하지만 아내는 미쳤느냐, 어쩔 셈이냐며 칼을 건네주지 않았다. 그러는 사이 이번에는 동생이 형을 올라타 목을 물어뜯고, 아내 쪽을 힐끗 돌아보면서 "아 기쁘다" 하더니 뛰쳐나가는 것이었다. 그 얼굴을 보니 바로 安義橋 다리에 사는 귀신이었다. 그 후 아내와 집안사람들이 남편을 살리려고 야단이었지만 어쩔 도리가 없게 되었는데, 이야기 끝에『今昔物語集』의 편자는 다음과 같은 평을 하고 있다.

然レバ、女ノ賢キハ弊キ事也ケリ。若干ク取置ケル物共馬ナドト見ケル

ハ、万ノ物ノ骨頭ナドニテゾ有ケル。「由无キ諍ヲシテ、遂ニ命ヲ失フ、愚ナ
ル事」トゾ、聞ク人皆此ノ男ヲ謗ケル。其ノ後、様々ノ事共ヲシテ鬼モ失ニケ
レバ、今ハ無シ、トナム語リ傳ヘタルトヤ。[5]

그러니 여자가 영리한 것은 좋지 않은 것이다. 동생이 가져온 많은
물건과 말들로 보였던 것은 여러 동물들의 뼈와 해골이었다. "쓸데없
는 언쟁을 해서 결국 목숨을 잃다니 어리석은 짓이었다" 라고, 이 이
야기를 들은 사람들이 모두 그 남자를 비난했다. 그 후 여러 가지 기도
등을 해서 귀신도 사라지게 되었고 지금은 아무 일도 없게 되었다고
한다.

편자는 남자와 여자를 모두 비난하면서, 남자의 쓸데없는 언쟁
과 여자의 영리함을 탓하고 있다. 그런데 남자의 만용과 죽음에 대
한 비난은 이해가 가지만 여자에 대한 비난은 납득하기 어려운 것
이 사실이다. 여자가 남편에게 칼을 주지 않은 것은 동생이 귀신이
라는 것을 몰랐기 때문이고 더구나 사소한 형제간의 싸움에 남편
이 동생을 죽이게 되는 불상사를 막기 위한 행동이었으므로 비난
받을 일은 아니었다. 그럼에도 불구하고 편자가 '여자가 영리한 것
은 좋지 않다'고 한마디 한 것은, 여자란 영리한 것 같아도 전반적
인 상황을 꿰뚫어보는 능력이 없어 일을 그르친다는 의미의 일본
속담 '여자가 영리하면 소를 팔지 못 한다(女賢しくて牛売り損なう)'와 일맥
상통하는 것이고, 이러한 편자의 여성 輕視가 당시의 여성에 대한

---

5 馬淵和夫외2인(1976)『今昔物語集(4)』(日本古典文学全集), 小学館, p.57.

일반적인 시각이었기 때문일 것이다.[6]

『今昔物語集』제30권 제3화도 유사한 경우인데, 「近江 지방 수령의 딸이 浄蔵(조조)라는 승려와 정을 통한 이야기」라는 제목의 설화이다. 近江 지방 수령에게 매우 예쁜 딸이 있었는데, 악령이 들려 병상에 눕게 되었다. 부모는 여러 가지 기도를 해 보았지만 효험이 없었는데, 마침 浄蔵라는 영험 있는 고승이 있어서 그에게 딸의 병을 낫게 해 달라고 부탁했다. 浄蔵가 딸을 위해 열심히 加持祈禱를 했더니 곧바로 치유 되었다. 그 후로도 부모가 며칠 더 머물며 기도해 줄 것을 원하자 한동안 그 집에 머물게 되었는데, 우연히 그 딸을 엿보게 되면서 갑자기 욕정을 품게 되었다. 마침내 두 사람은 정을 통하게 되었는데, 그 후로 이 일이 소문이 나자 浄蔵는 부끄러워서 그 집을 나와 산 속에서 수행에 전념하였다. 하지만 浄蔵는 도저히 그녀를 잊지 못하고 다시 그녀의 집을 찾아가 아무도 몰래 만났다. 그 후로도 편지를 주고받으면서 지내다보니 세상 사람들이 모두 다 알게 되었다. 그녀의 부모는 딸을 잘 키워서 황족이나 귀족에게 시집을 보내려고 하였는데 일을 그르치게 되자 끝내 그녀를 돌보지 않게 되었고, 비참한 결말 끝에 다음과 같은 評語를 덧붙이고 있다.

> 此レハ女ノ心ノ極テ憎キ也。浄蔵心ヲ盡シテ云フトモ、女ノ不用ザラムニ
> ハ、不可叶ズ。然レバ、「心柄女ノ、身ヲ徒ニ成ツル也」トゾ、世人云繚ケ
> ル、トナム語リ傳ヘタルトヤ。[7]

---

6 上揭書, p.57 주26 참조.
7 上揭書, p.481.

이것은 여자의 마음이 아주 못되었기 때문이다. 浄蔵가 아무리 마음을 다해 유혹하더라도 여자가 받아들이지 않았다면 이루어지지 않았을 것이다. 그래서 '여자의 마음이 잘못되어서 쓸데없이 자기 몸을 망치고 말았다'라고 얘기가 전해져 온다.

본 설화는 『大和物語(야마토모노가타리)』와 書承 관계가 추측될 만큼 매우 유사한 내용이지만[8] 양자를 비교해보았을 때 위에 인용한 評語는 『大和物語』에 보이지 않는다. 즉 『今昔物語集』의 독자적인 서술이고, 따라서 편자의 시각 또는 당시의 일반적 인식을 잘 보여주고 있다고 할 수 있겠는데, 남자의 애정 고백으로 시작된 두 사람의 관계를 일방적으로 여자의 마음가짐이 잘못된 탓으로 돌리는 평가가 두드러진다. 이러한 評語 역시 세상 사람들의 여성에 대한 비판적 시각과 경시 풍조를 잘 나타내 주고 있는 경우라고 할 수 있을 것이다.

3. 종교 · 사상적인 여성 인식

이처럼 여러 고전문학을 통해서 당시의 일본이 남성 중심의 사회였고 여성에 대한 차별과 輕視 풍조가 보편화되어 있었음을 살펴보았다. 이와 같은 의식의 형성에는, '여자는 三界에 집이 없다(女三

---

8 上揭書, p.477의 설화 冒頭 설명 참조.

31

界に家なし)'[9] '五障三從' '女人禁制'와 같이 유교와 불교에서 말하는 여성 차별 사상이 큰 영향을 끼쳤을 것으로 생각되는데, 고전을 통해서 구체적 사례를 보도록 하겠다.

1) 오장삼종(五障三從)

五障은 『법화경』「提婆達多品」 제12권에 나오는 다음과 같은 말에 기원하고 있다.

> 爾時舍利弗。語龍女言。汝謂不久。得無上道。是事難信。所以者何。女身垢穢。非是法器。云何能得。無上菩提。佛道懸曠。逕無量劫。勤苦積行。具修諸度。然後乃成。又女人身。猶有五障。一者不得。作梵天王。二者帝釈。三者魔王。四者轉輪聖王。五者佛身。云何女身。速得成佛。爾時龍女。有一寶珠。價直。三千大千世界。持以上佛。佛即受之。(中略) 當時衆會。皆見龍女。忽然之間。變成男子。(中略) 龍女成佛。普爲時會。人天說法。心大歡喜。悉遥敬礼。[10]

이때 사리불이 용녀에게, "그대가 머지않아 무상도를 얻을 거라 해도 그 말은 믿기 어렵다. 왜냐하면 여자의 몸은 더럽고 法器가 아니기 때문이다. 그러니 어찌 무상보리를 얻겠는가. 불도는 멀고 무량겁을 거쳐 열심히 고행과 수행을 쌓아서 모든 법도를 빠짐없이 닦아야 그

---

9 三界는 불교어로 欲界 色界 無色界, 즉 전 세계를 의미하는데, 여자는 일생동안 보모와 남편과 자식에 따라야 했으므로 너른 세계 어디에도 안주할 곳이 없다는 뜻.

10 坂本幸男 岩本裕 역주(1986)『法華経(中)』, 岩波書店, pp.222-225.

후에 이룰 수 있는 것이다. 또한 여인의 몸에는 다섯 가지 장애가 있다. 하나는 梵天王이 될 수 없고 둘은 帝釋, 셋은 魔王, 넷은 轉輪聖王, 다섯은 佛身이 될 수 없기 때문이다. 그런데 어찌 여자의 몸으로 속히 성불을 이루려고 하는가" 라고 말하였다. 이때 용녀에게 보주가 하나 있었는데 그 가치가 삼천대천세계와 같았다. 그것을 가져와 부처에게 드리니 부처가 즉시 받으셨다. (중략) 이때 모인 사람들이 모두 용녀를 보니 갑자기 남자로 변하였다. (중략) 용녀가 성불하여 모인 人天을 위해 널리 법을 설하였더니 크게 마음으로 기뻐하면서 빠짐없이 경례하였다.

위의 『법화경』에 의하면 여자가 아무리 오랜 세월 복덕을 쌓고 수행을 거듭하여도 부처의 경지에 이를 수 없다고 하면서 그 이유로 여자는 범천(부라만)의 지위, 제석천(인드라)의 지위, 사대왕의 지위, 전륜성왕의 지위, 불퇴전의 구법승의 지위를 얻은 적이 없기 때문이라고 하였다. 그러나 부처에게 無上의 가치를 지닌 寶珠를 바침으로서 남자의 몸을 얻게 되고 성불을 이루게 되는데, 결국 여자는 變成男子를 통해서 성불을 할 수 있는 존재였음을 이야기하고 있다.

三從은 여자가 지녀야할 세가지 덕목을 말하는데, 『儀禮』에 의하면 '未嫁從父, 旣嫁從夫, 夫死從子[11](결혼하기 전에는 아버지를, 결혼해서는 남편을, 남편이 죽으면 자식을 따라야 한다)'는 것이다. 이러한 가르침은 유교

11 日本大辭典刊行会(1974)『日本国語大辭典』제5권, 小学館, p.247.

뿐만 아니고 『大智度論』 『勝鬘經義疏』와 같은 불교 경전에서도 볼 수 있는데, 수천 년 역사를 통해 동아시아 유교문화권 사람들의 행동양식에 영향을 끼쳐왔다. 일본에서도 8세기 중엽에 성립한 『萬葉集(만요슈)』 제5권 794번 노래의 서문에 '紅顔共三從長逝 素質與四德永滅[12](아름다운 미모도 아녀자가 지녀야 할 三從의 미덕과 함께 가버리고 하얀 피부도 아녀자가 지켜야 할 네 가지 덕과 함께 영원히 사라졌다)' 라고 하였듯이, 일찍부터 통용되었음을 알 수 있는데, 이후의 주요 고전을 통해 구체적인 사례를 보도록 하겠다.

a 『源氏物語』의 '匂宮(니오미야)'

'匂宮' 권은 『源氏物語』의 속편이라 할 수 있는 宇治(우지)十帖의 첫 부분인데, 영화를 누리던 光源氏가 죽은 후 宇治 지방을 무대로 하여 이야기가 전개된다. 源氏의 사후 薰(가오루)는 冷泉院(레이제이인)과 秋好(아키코노무) 중궁의 총애를 받으며 승진하지만 자신의 출생에 대한 비밀을 어렴풋이 느끼면서 고뇌에 찬 나날을 보내고, 어머니인 女三宮 또한 柏木(가시와기)와의 잘못된 관계 후 삶의 의욕을 잃고 불도에 전념하게 된다. 그런 어머니를 바라보며 薰는 왜 여자로서 한창때인 어머니가 덧없는 세상을 버리고 출가하여 비구니가 되려고 하시는지 의문을 품으며 다음과 같은 생각을 하게 된다.

---

12 小島憲之 외 2인(1980) 『万葉集(2)』(日本古典文学全集), 小学館, p.49의 주18 참조. 「'素質'은 하얀 여성의 피부를 말하고, '四德'은 『周禮』 『禮記』 등에 보이는 婦德 婦言 婦容 婦功을 말한다.」

「明け暮れ勤めたまふやうなめれど、はかもなくおほどきたまへる女の御悟
りのほどに、蓮の露も明らかに、玉と磨きたまはんことも難し。五つの何かしも
なほうしろめたきを、我、この御心地を、同じうは後の世をだに」と思ふ。[13]

　'어머니는 밤낮으로 수행을 닦고 계시는 것 같습니다만 목적도 없
이 얌전히 계시는 데 불과하고 기껏해야 여자 몸으로 깨달음을 얻은
정도로는 더러움에 물들지 않은 연잎의 이슬처럼 깨끗한 마음으로
극락에 왕생하시는 것도 어렵다. 여자의 성불을 방해하는 다섯 가지
장애도 역시 근심이 되나니, 나도 출가하여 어머니의 뜻을 이루도록
도와드리고, 어머니의 후생만이라도 행복해지셨으면 좋겠네'라고 생
각했다.

　薰는 어머니가 출가하더라도 '여자의 성불을 방해하는 다섯 가
지 장애'가 있기 때문에 극락왕생이 어려울 것임을 알고, 자기가 어
머니의 후생을 도와드릴 수 있기를 원하는 것인데, 당시 여성들은
五障에 의해 성불하기 어려운 존재로서 인식되고 있었음이 잘 나타
나 있다.

b 『平家物語(헤이케모노가타리)』의 '灌頂(간조)卷'

　平家 일족의 멸망과 함께 죽음을 택했던 高倉(다카쿠라)천황의 왕
비 建礼門院德子(겐레이몬인토쿠시)는 결국 源氏의 병사들에 의해 구출

13　阿部秋生외 2인(1975) 『源氏物語(5)』(日本古典文学全集), 小学館, p.18.

되어 목숨을 부지하게 되는데, 이후 출가하여 大原山(오하라산)의 寂光院(작코인)이란 암자에 기거하면서 죽은 아들 安德(안토쿠)천황과 平家 일족의 후세 명복을 빌면서 지내게 된다. 그러던 중 文治(분지)2년 (1185)에 後白河法皇(고시라카와호오)는 建礼門院을 방문하여 대화를 나누게 되는데, 그 장면에서 그녀는 다음과 같은 말을 하였다.

> かかる身になる事は、一旦の歎申すにおよびさぶらはねども、後生菩提の為には、悦とおぼえさぶらふなり。忽ちに釈迦の遺弟につらなり、忝く弥陀の本願に乗じて、五障三従の苦しみをのがれ、三時に六根をきよめ、一すぢに九品の浄刹をねがふ。専ら一門の菩提をいのり、常は三尊の来迎を期す。いつの世にも忘れがたきは先帝の御面影、忘れんとすれども忘られず、しのばんとすれどもしのばれず。ただ恩愛の道ほどかなしかりける事はなし。されば彼菩提のために、朝夕のつとめおこたる事さぶらはず。是もしかるべき善知識とこそ覚えさぶらへ[14]

이렇게 서글픈 신세가 되는 것은 일시적으로 탄식하게 되겠지만 후생의 성불을 위해서는 기쁜 일이라고 생각합니다. 갑자기 이렇게 부처님을 모시는 석가모니의 사후 제자가 되어, 황송하게도 아미타불의 서원에 힘입어 五障三従의 고통을 벗어나 밤낮으로 수행하여 六根을 정화하고 오로지 九品[15]의 정토에 왕생하기를 기원하고 있습니다. 오로지 平家 가문의 후생 안락을 기원하고 늘 아미타 관음 지세의

---

14 市古貞次(1987)『平家物語(2)』(日本古典文学全集), 小学館, pp.522-523.
15 극락정토. 극락은 상품이 상생 중생 하생, 중품이 상생 중생 하생, 하품이 상생 중생 하생으로 나뉘어있기 때문에 구품이라 함.

삼존께 가호를 빌고 있습니다. 언제까지나 잊을 수 없는 것은 先帝(安
德천황)의 모습이라 잊으려 해도 잊혀지지 않고 슬픔을 참으려 해도 견
딜 수 없습니다. 정말 모자간의 정과 사랑만큼 슬픈 것은 없습니다.
그래서 先帝의 후세 안락을 위해서 조석으로 비는 일을 게을리 하지
않고 있지요. 이것도 모두 저를 불도로 인도하는 善緣이라고 생각합
니다.

建礼門院은 後白河法皇의 猶子로서 양녀나 다름없는 관계였다.
그렇기 때문에 法皇은 建礼門院의 안위를 걱정하여 그녀의 암자를
찾아가는데, 그녀의 야윈 모습을 보고 안타까워하면서도 진지하게
불도에 정진하는 모습에 놀란다. 建礼門院은 자기의 친정인 平家 가
문의 희생자들과 특히 어린 아들 安德천황의 모습을 잊지 못하며
일심으로 내세 명복을 기원하고 있었다. 그 기원 속에는 여자로서
태생적으로 겪어야 할 五障三從의 고통을 아미타불의 도움으로 벗
어나기를 원하는 모습이 보이는데, 앞의 『源氏物語』에서 보았던 女
三宮의 五障이나 建礼門院의 五障三從의 고통이 보여주는 것은, 당
시 여성들은 출가하여 불도에 정진하여도 성불을 이루기 어렵다는
원죄 의식이었고, 그것은 태생적으로 짊어질 수밖에 없는 멍에였
던 것이다.

2) 여인금제(女人禁制)

女人禁制란 여성이 특정의 종교적 행사에 참가하거나 특정의 성

역에 들어가는 것을 금하는 것을 말한다. 고대에는 여성이 제사 등의 행사에서 託宣者로서 높은 지위를 차지하고 있었다. 그러나 불교가 들어오면서, 특히 『법화경』이 유포되면서 「提婆達多品」에서 말하는 여성 차별의식, 즉 여성은 오장이 있기 때문에 일단 남성으로 변한 후 비구가 되어 수행을 함으로써 비로소 성불할 수 있다는 사상에 근거한 의식이 널리 퍼지게 되었다. 또한 여성은 수행승의 색욕을 자극하여 계율을 범하게 하고 수행의 장애가 되는 경우가 많으므로 수행의 도량에 들어가는 일을 금하게 된 것인데, 예를 들어 僧尼令에 의하면 절의 승방에 부녀자를 묵게 하거나, 비구니방에 남자를 머물게 하거나, 승려와 비구니가 교류하는 것에 대한 벌칙이 명기되어 있다. 그 후 最澄(사이초)가 「臨終遺言十箇條」에서 比叡山(히에잔)에 여성이 들어오는 것을 금한 이래, 高野山(고야산)과 大和(야마토)의 大峯山(오미네산) 등 靈山의 女人禁制가 일반화하게 되는데, 『今昔物語集』의 다음 예화에도 잘 나타나 있다.

a 『今昔物語集』제11권 제26화의 延暦寺(엔랴쿠지) 연기담

'伝教(덴교)대사가 처음으로 比叡山의 불법을 창시한 이야기'라는 제목의 설화로, 伝教대사 最澄가 延暦寺를 창건하고 戒壇을 설립하였으며 여러 불서를 펴낸 이야기를 통하여 그의 사적을 이야기하고 있다. 앞부분은 그가 比叡山에 불당을 세우고 불법을 전하다 56세에 입적할 때까지 天台宗의 확립에 힘쓴 이야기인데, 후반에 女人禁制와 관련된 서술을 발췌하여 소개하면 다음과 같다.

其後モ、堂塔ヲ造リ、東西南北ノ谷ニ房舍ヲ造リ、若干ノ僧ヲ令住メテ、
天台ノ法文ヲ学ビ、佛法盛ニシテ霊験殊ニ勝タリ。<u>女ハ、此山ニ登ル事無</u>
<u>シ</u>。延暦寺ト名タリ。天台宗、是ヨリ此朝ニ始マル。彼ノ宇佐ノ給ヘリシ小袖
ノ脇ニ綻□タルニ、藥師佛ノ御削リ鱗付テ、于今根本ノ御経蔵ニ有リ。亦、
大師ノ自筆ニ書給ヘル法華経、筥ニ入テ禅唐院ニ置奉レリ。代々ノ和尚、
清浄ニシテ是ヲ礼シ奉ル。<u>若シ、女ニ少モ觸ヌル人ハ、永ク是ヲ礼シ奉ル事</u>
<u>無シトナム語リ傳ヘタルトヤ</u>。[16]

그 후로도 불당과 탑을 짓고 사방의 계곡에 승방을 지어 많은 승려
들이 살게 하면서 천태종의 법문을 공부하게 하여, 比叡山의 불법은
더욱 융성해졌고 그 영험도 특별히 뛰어났다. <u>그러나 여자는 이 산에</u>
<u>오를 수 없었다.</u> 이 절은 延暦寺라고 부르게 되었고, 천태종이 이로부
터 이 나라에 시작되었다. 대사가 당나라에서 귀국하여 宇佐八幡(우사
하치만)신사에 참배하고 신에게서 옷을 받았는데 藥師像을 조각할 때
깎은 덤불이 그 옷에 붙은 채로 지금도 根本中堂(곤폰추도) 경장각에 보
관되어 있다. 또한 대사가 직접 쓴 법화경은 상자에 담아 禅唐院(젠토
인)에 보관하고 있고, 대대로 스님들은 몸을 청정하게 하고 이것을 경
배하였다. <u>만일 여자와 조금이라도 접촉한사람은 영원히 이 법화경을</u>
<u>경배할 수 없다고</u> 전해져 온다.

위에서 볼 수 있듯이 여자는 比叡山에 오를 수 없다는 것과, 여자
와 조금이라도 접한 사람은 대사가 쓴 법화경을 영원히 경배할 수

---

16   馬淵和夫외 2인(1976)『今昔物語集(1)』(日本古典文学全集), 小学館, pp.173-174.

없다고 한 내용에서 女人禁制가 지켜지고 있었음을 알 수 있다.

이러한 女人禁制 의식은 매우 엄격했던 것으로 보인다. 예를 들어 平安(헤이안) 초기 불교에서 比叡山의 천태종과 어깨를 나란히 한 종파가 高野山의 眞言宗이었는데, 창시자인 弘法(고보)대사 空海(구카이)도 그의 遺誡에 의해 여성의 입산을 엄하게 금하였다. 『高野秘伝鈔(고야히덴쇼)』에 의하면 天長(덴초)9년(832)에 대사의 어머니가 83세의 노구를 이끌고 자식을 만나기 위해 高野山 기슭에 이르렀을 때 갑자기 땅이 갈라지고 불의 비가 내렸다고 한다. 또는 깔아놓은 가사 위를 밟고 오르려고 하자 신기하게도 42세 이후로 그친 月經血이 갑자기 흘러나와 가사에 떨어지자 불꽃이 되어 타올랐다고도 한다. 이러한 이야기는 그 유명하고 훌륭한 대사의 어머니라 할지라도 女人禁制를 범하는 것은 허락되지 않았다고 하는 계율의 엄함과 女人結界[17]의 관념이 여성의 不淨을 금기시 하는 습속에 기인하는 것임을 나타내고 있다.[18]

4. 전장의 권력과 여성

예로부터 전쟁이 벌어지면 많은 민중들이 피해를 입지만 그 중

---

17 '結界'란 수행이나 신앙에 방해가 되지 않도록 출입을 제한하는 것으로, '女人結界'도 女人禁制와 마찬가지로 여성을 不淨하고 신앙 수행의 장애로 보는 인식에 기인한다. 그래서 여성을 위해 結界 밖에 女人堂을 설치하여 여성 참배의 장소로 삼기도 하였다.
18 乾克己외 4인 編(1986)『日本伝奇伝説大事典』, 角川書店, p.685.

에서도 여성들의 피해가 컸다. 전쟁터라는 특수한 상황과 공간에서는 남성들, 특히 높은 지위와 무력을 지닌 자들이 권력의 횡포를 부리는 일이 다반사였는데, 그럼에도 불구하고 戰時에 발생한 많은 악행들은 功과 業績에 묻히고 처벌도 받지 않은 채 잊혀지기 마련이었다. 이러한 戰場에서의 권력과 여성의 처지를 살펴보려면 고전 가운데서도 軍記物語(군키모노가타리)의 장르가 효과적인데 다음에 대표적 작품의 예를 통해서 구체적으로 살펴보도록 하겠다.

a『将門記(쇼몬키)』- 적장의 아내에 대한 능욕

平将門(다이라노마사카도)는 桓武平氏(간무헤이씨)의 시조인 高望王(다카모치오)의 손자로서 平安 중기인 935년에 관동을 중심으로 세력을 펼치다가 내란을 일으키는데 바로 平将門の乱(다이라노마사카도의 난)이다. 전란의 후반에는 将門가 스스로를 親王(신노)라 칭하고 일족을 관동의 지방장관으로 임명하는 등 반란의 성격을 띠게 되었으나 940년에 敗死하게 되는데, 그 전란을 서술한 것이『将門記』이고 일본 軍記物語의 선구적 작품으로 알려져 있다. 그 가운데 '貞盛の妻と将門の歌(사다모리의 처와 마사카도의 노래)'라는 부분에서, 親王(신노=将門)가 부하들에게 적장 平貞盛(다이라노사다모리)를 찾아내라고 명령하는 장면이 나오는데 다음과 같이 서술되어 있다.

爰猶相尋之間、隔漸一旬。僅吉田郡蒜間之江邊拘得掾貞盛、源扶之妻。陣頭多治經明、坂上遂高等之中追領彼女。親王聽此事爲匿女人媿、

41

雖下勅命々々以前為夫兵等悉被虜領也。就中、貞盛之妻被剝取露形、更
無為方矣。眉下之涙洗面上之粉、胸上之炎焦心中之肝。内外之媿成身内
媿。[19]

　계속 貞盛 등을 찾고 있는 동안에 마침내 십여 일이 지났다. 겨우 吉
田(요시다)군 蒜間(히루마)의 강변에서 貞盛의 처와 源扶(미나모토노타스
쿠)의 처 두 사람을 붙잡게 되었다. 陣頭의 多治經明(다지노쓰네아키라)
와 坂上遂高(사카노우에노카쓰타카) 등이 부대 안으로 여자들을 연행해
왔다. 親王는 이 말을 듣고 병사들이 여자들을 욕보일까봐 못하도록
칙명을 내렸지만 그 이전에 병사들에 의해 모두 능욕을 당하고 말았
다. 그 중에서도 貞盛의 아내는 옷이 모두 벗겨지고 알몸을 드러낸 모
습이어서 어찌할 도리가 없었다. 눈에 넘쳐흐르는 눈물이 화장한 분
칠 위로 얼굴을 적셨고, 가슴에 타오르는 불꽃같은 분노가 마음을 괴
롭혔다. 과거에 나라 안팎에서 있었던 능욕의 일들이 지금내 몸에서
일어나고 있는 것이었다.

　전쟁 중에 적장의 아내인 貞盛의 처와 源扶의 처가 포로가 되었
고, 특히 貞盛의 처는 병사들에 의해 능욕을 당한 후 알몸이 되어 분
노로 괴로워하는 모습이 생생하게 묘사되어 있다. 마지막 서술을
보면, 戰場에서 붙잡힌 여자에 대한 능욕이 국내외에서 있었던 일
이긴 해도 자기 몸에 그런 비참한 일이 일어날 것이라고는 생각지
못했기 때문에 더욱 괴로움이 컸을 것임을 짐작할 수 있다.

19　松林靖明외 2인 교주・역(2002)『将門記 陸奥話記 保元物語 平治物語』(新編日本
　　古典文学全集), 小学館, p.76.

사실 貞盛는 将門와 마찬가지로 高望王의 손자이고 두 사람은 사촌사이였으니 매우 가까운 인척이었다. 그러나 일족 간에 분쟁이 일어나면서 貞盛의 아버지인 国香(구니카)가 将門에게 피살되고 두 사람은 원수지간이 된 것인데, 그렇다 하더라도 貞盛의 처는 将門에게는 사촌형수에 해당하는 여자였다. 将門가 칙명을 내려 능욕을 금한 것도 아마 두 사람의 그런 관계 때문이었을지도 모르겠지만, 능욕을 금하는 칙명 자체가 戰場에서의 여성에 대한 능욕이 흔히 있었던 일이었음을 반증하는 것으로 볼 수도 있을 것이다.

b『太平記(다이헤이키)』제7권 - 戰場의 遊女

이와 같은 戰場에서의 여성에 대한 능욕은 전쟁이라는 특수상황을 배경으로 하고 있다. 싸우는 무사에게는 내일을 알 수 없는 목숨이라는 자포자기적인 마음이 있고, 적을 살육하는 異常心理에서 평상시와는 다른 행위를 해도 부끄러워하지 않는 일이 通用되었다. 따라서 전쟁에는 약탈 강간 등의 악행이 흔히 벌어졌고, 포로가 된 여성을 성적 욕구를 해소하기 위한 대상으로 삼은 것도 심리적으로 전쟁과 성이 깊은 관련이 있었음을 말해 준다.

戰場의 遊女도 병사의 성적 욕구나 긴장을 해소하는 역할을 하였다는 것이 고전을 통해 확인되는데, 먼저『太平記』를 예로 들어 보겠다. 본 작품은 앞에서 본『平家物語』와 함께 중세 軍記문학의 대표작 중 하나인데, 남북조시대의 내란을 축으로 한 변혁기의 혼란을 그리고 있다. 後醍醐(고다이고)천황을 중심으로 新田義貞(닛타요시사

다) 楠木正成(구스노키마사시게) 足利尊氏(아시카가타카우지) 등에 의한 鎌倉 (가마쿠라)막부 토벌로부터 남북조 분리와 합일에 이르기까지의 사실이 오랜 기간에 걸쳐 기록되어 온 것이다. 그 가운데 제7권 '諸国 の兵知和屋へ発向の事(여러 지방의 병사들이 치하야 성으로 진격함)'을 보면 다음과 같은 이야기가 나온다.

> 軍もなくて、そぞろに向ひ居たる徒然さに、緒大将の陣には、江口・神 崎の傾城どもを呼び寄せて、様々の遊びをぞしける。[20]
>
> 전투도 없어서 단지 무료하게 千早城(지하야성)과 마주보고 있는 심 심함에 여기저기 대장들의 陣에서는 江口(에구치)와 神崎(간자키)의 유 녀들을 불러와서 여러 가지 유희를 즐겼다.

江口와 神崎는 예로부터 유녀들의 거주지로 잘 알려진 곳이었 다. 당시 막부군은 吉野城(요시노성)을 함락하고 총 백만의 병력으로 공격하고 있었기 때문에 적은 수의 군사로 성에 틀어박힌 楠木 세 력을 곧 진압할 있을 것으로 생각했다. 그러나 지장 楠木正成는 지 푸라기인형으로 위장한 군대로 적군에 타격을 주었고 적의 斷水 작 전에 대해서도 물을 충분히 비축해두는 등 철저히 대비하자 농성 이 길어지게 되었고, 막부군은 차츰 긴장이 풀어지고 사기가 떨어 지게 되었다. 위 장면은 이런 상황에서 무료해진 막부군 진영에서 무료함을 달래기 위해 遊女들을 불러 유희를 즐겼다는 것이다. 이

---

20 長谷川端(1994)『太平記①』(新編日本古典文学全集), 小学館, p.344.

후로 막부군의 대패와 함께 鎌倉 막부의 붕괴로 이어지게 되는데, 戰場에서 병사들을 慰撫하기 위해 遊女들이 동원되었음을 잘 알 수 있다.

戰場의 遊女는 『平家物語』에도 보인다. 源賴朝(미나모토노요리토모)를 토벌하러 관동으로 내려가던 平維盛(다이라노고레모리)는 富士川(후지가와) 기슭에 진을 치고 숙소에 遊女들을 불러 즐기던 중, 물새 떼가 나는 소리를 적의 습격으로 오인하여 싸우지도 않고 도망치다 대패하고, 많은 遊女들이 도망치는 병사들에게 머리를 차이고 허리가 밟혀 죽었다고 하니,[21] 戰場에서까지 남성들의 노리개로 삶을 마감하는 비참한 모습이 잘 드러나고 있다.

5. 천황의 권력과 여성

일본 사회에서 천황은 특별한 존재로 인식되어 왔고 그러한 만큼 막대한 권력이 주어졌었다. 특히 여성과 관련해서는 사회적 인

---

21 市古貞次(1987)『平家物語(1)』(日本古典文学全集), 小学館, pp.405-406.
「その夜の夜半ばかり、富士の沼に、いくらもむれゐたりける水鳥どもが、なににかおどろきたりけん。ただ一度にばッと立ちける羽音の、大風にかづちなンどの様にきこえければ、平家の兵ども、「すはや源氏の大勢の寄するは。斎藤別当が申しつる様に、定めて搦手もまはるらん。とりこめられてはかなふまじ。ここをばひいて、尾張河洲俣をふせげや」とて、とる物もとりあへず、我さきにとぞ落ちゆきける。あまりあわてさわいで、弓とる者は矢を知らず、矢とる者は弓を知らず。人の馬にはわれ乗り、わが馬をば人に乗らる。或はつないだる馬に乗ッてはすれば、杭をめぐる事かぎりなし。ちかき宿々よりむかへとッてあそびける遊君遊女ども、或は頭けわられ、腰ふみ折られて、をめきさけぶ者おほかりけり。」

식은 물론 제도적으로도 남다른 권한을 행사할 수 있었으므로 권력의 횡포에 따른 여성의 비참한 처지도 자주 발생했음을 볼 수 있는데,『平家物語』를 통해 구체적 사례를 살펴보도록 하겠다.

a『平家物語』의 '祇園女御(기온뇨고)'

平淸盛(다이라노키요모리)라고 하면『平家物語』의 첫머리에 등장할 정도로 平家의 중심인물이라 할 수 있는데 그의 탄생 비화가 제6권 '祇園女御'에 서술되어 있다. 소문에 의하면 淸盛는 忠盛(타다모리)의 자식으로 알려져 있지만 사실은 白河院(시라카와인)의 皇子라고 하면서 그 이유를 다음과 같이 이야기하고 있다.

永久(에이큐)시대[22]에 祇園女御라는 白河院이 총애하는 여자가 있었다. 그녀의 집은 東山(히가시야마)기슭 祇園 근처였는데 白河院이 자주 행차하셨다. 어느 날 白河院이 그녀의 집에 행차하던 중 귀신처럼 빛나는 물체가 나타나니 놀라서 호위무사인 忠盛에게 쏘아죽이든 베어죽이든 처리하라고 하였다. 명을 받든 忠盛는 아직 정체를 모르는데 죽이는 것은 생각이 부족한 짓이니 생포하기로 맘먹고 상대를 붙잡고 보니 등불을 든 노승이었다. 상황을 알게 된 白河院은 忠盛의 대처가 무사로서 매우 사려 깊고 훌륭했다고 칭찬하고, 그렇게 총애하던 祇園女御를 상으로 하사하셨다. 그런데 그녀가 白河院의 아이를 가졌기 때문에, 태어날 아이가 여자아이이면 白河院의

---

22 1113-18년, 당시는 鳥羽(도바)천황의 시대였음.

46

아이로 하고 남자아이면 忠盛의 아이로 해서 무사로 키우도록 했다. 나중에 태어난 아이는 남자아이였고, 淸盛가 바로 그 아이이다. 예전에도 이런 일이 있었는데, 天智(덴지)천황이 임신한 女御를 大織冠(다이쇼쿠칸)에게 하사하실 때, 女御가 낳은 아이가 여자라면 내 딸로 삼고 남자라면 그대 아들로 하라고 말씀하셨는데 아들이었다. 그 아이가 바로 多武峰(도노미네)의 開祖인 定惠(조에)和尙이라고 한다.[23]

白河院이 총애하던 여자를 신하에게 상으로 주었던 것으로 보아 당시 여성의 지위가 어떠했는지는 미루어 짐작할 수 있을 것이다. 더구나 자기의 아이를 가진 것을 알고서도 다른 남자에게 넘긴다는 것은 그녀의 심정 같은 것은 아랑곳하지 않고, 여자를 인격체로서가 아니라 마치 자신의 소유물처럼 생각했기 때문에 가능한 일이었다. 또한 이러한 일이 이전에도 있었다고 하면서, 제38대 天智천황이 아이를 가진 女御를 大織冠에게 하사한 사실을 들고 있다. 大織冠은 藤原鎌足(후지와라노카마타리)를 말하는데, 두 사람은 645년에 大化改新(다이카카이신)이란 정변을 함께 일으켜 성공적인 정치개혁을 이루고 藤原라는 姓도 하사받은 관계이니 매우 깊은 인연이긴 하지만, 역시 여자의 입장에서 보면 자신의 의지와는 상관없이 천황의 권력에 순종해야만 하는 비애를 느끼지 않을 수 없었을 것이다.

---

23 上揭書, pp.461-464.

b『平家物語』의 '二代后(니다이키사키)'

제1권의 앞부분에서는 平家의 번영과 더불어 계속되는 전란으로 나라 안이 평온하지 못했던 세상 분위기를 전하면서, 二条(니조)천황과 아버지인 上皇 後白河院(고시라카와인) 사이의 불화도 세상이 말세이고 사람들이 전란으로 횡포해져서 그런 것이라고 하였다. 천황은 항상 上皇의 분부를 거역하였는데 그 중에서도 세상 사람들이 듣고 특히 놀라서 비난한 일이 있었다고 하면서 다음과 같은 이야기를 전하고 있다.

돌아가신 제76대 近衛(고노에)천황의 황후는 천황이 먼저 세상을 떠난 후에는 궁에서 나와 近衛河原(고노에카와라)에 옮겨 살았다. 전황후로서 사람들 눈에 띠지 않게 조용히 지내고 있었는데, 당시 22-3세정도로 여자로서의 전성기를 조금 지났을 때이다. 그래도 천하제일의 미인으로 평판이 나 있었기 때문에 二条천황은 여색에 빠진 마음에 그녀를 입궐시키고자 어전 회의를 열어 의견을 물었다. 외국의 예로서 중국의 則天皇后는 唐太宗의 부인이고 高宗의 계모인데, 太宗이 죽은 후 高宗의 부인으로 삼은 일이 있으나 이것은 외국의 아주 드문 예이고 일본에서는 神武천황 이래 지금에 이르기까지 2대에 걸쳐 천황의 부인으로 삼은 예가 없다고 하였고, 後白河上皇도 그래서는 안 된다고 타일렀다. 그럼에도 二条천황은 "天子에게 부모는 없다. 나는 十善戒[24]를 지킨 공덕으로 천황의 자리에

---

24 열 가지 악을 범하지 않는 계율을 지킨 공덕을 말하는데, 중세에는 이러한 공덕에 의해 帝王으로 태어났다고 하는 생각이 있었다고 함.(上揭書, p.67의 주11 참조)

올랐다. 그런데 이 정도 일을 어찌 내 맘대로 하면 안 된다는 것이
냐” 라고 하면서 당장 입궐 날짜를 정하도록 칙명을 내렸기 때문에
後白河上皇도 어찌할 도리가 없었다는 것이다. [25]

近衛천황의 황후는 二条천황에게는 上皇의 부인이자 숙모에 해
당하고 後白河上皇의 제수이기도 하다. 그러니 二条천황이 한 행위
는 인륜을 저버린 패륜이었고 세상 사람들의 지탄을 받을 수밖에
없었던 것이다. 더구나 近衛천황 생전에 천황과 황후가 매우 사랑
하는 사이였다는 이야기가 이어지고 있어서 독자들로 하여금 그녀
의 아픔에 더욱 공감하게 하는데, 천황의 권력과 횡포에 처참하게
무너진 여성의 비애가 절실히 느껴진다.

6. 맺음말

중세까지의 일본 고전문학을 통해서 당시 일본 사회의 여성에
대한 인식과 다양한 권력이 여성들에게 가한 폐해에 대해 살펴보
았다. 최근 국가권력에 의한 성폭력에 관심이 집중되고 있고 특히
한일간에 풀어야 할 어려운 현안이 되고 있는데, 이러한 문제가 근
현대 이후에 두드러진 것처럼 인식되어 온 면이 있다. 그러나 본
고찰을 통해서 알 수 있듯이, 예전에도 종류와 정도의 차이는 있지
만 비슷한 문제를 안고 있었음이 확인된다. 예를 들어 과거 일본의

25　上揭書, pp.65-70.

戰場에서 자의 타의를 불문하고 여성들이 性的 착취의 대상이 되어 온 역사적 사실은 후대의 일본군 위안부 문제와 무관하지 않다는 생각이 든다. 또한 황실의 권력과 여성 문제에 있어서도 천황이 여성을 사유화하여 증여의 대상으로 여겼다든지 한 여성을 2대에 걸쳐 천황의 부인으로 삼은 사례에서는, 여성이 아니더라도 인간으로서의 최소한의 권리마저 찾기 어려웠고 오늘날과 같은 인권을 얘기하는 것은 사치스러운 일이었다. 이러한 여성 핍박의 바탕에는 뿌리 깊은 여성 차별 의식이 자리하고 있고, 거기에 五障三從 女人禁制와 같은 儒彿의 사상도 一助하였음을 부인하기 어렵다.

역사적으로 오랜 동안 여성은 권력의 피해를 겪어 왔고, 그 배경에는 남성 중심의 사고방식이 존재했는데, 오늘날의 젠더 문제에는 과거에 행해진 여성 핍박에 대한 반작용적인 성격도 있음을 부인하기 어려울 것이다. 즉 과거는 과거의 문제로 끝나는 것이 아니고 현재로 이어진다는 점인데, 현실을 직시하기 위해서도 고전에 대한 재해석은 의미가 있고 그 필요성도 크다고 하겠다.

附記 : 제Ⅱ장과 제Ⅲ장의 일부는 졸고(2006.8) 「『今昔物語集』의 여성에 대한 고찰」(『日語日文學硏究』 제58집 2권 한국일어일문학회)의 일부를 본 저서의 취지에 맞춰 改稿하였음.

| 참고문헌 |

日本大辞典刊行会(1974)『日本国語大辞典』제5권, 小学館.

阿部秋生 외 2인(1975) 日本古典文学全集『源氏物語(5)』, 小学館.

馬淵和夫 외 2인(1976)『今昔物語集(4)』(日本古典文学全集), 小学館.

小島憲之 외 2인(1980)『万葉集(2)』(日本古典文学全集), 小学館.

坂本幸男 岩本裕 역주(1986)『法華経(中)』, 岩波書店.

乾克己 외 4인 編(1986)『日本伝奇伝説大事典』, 角川書店.

市古貞次(1987) 日本古典文学全集『平家物語(1)』, 小学館.

市古貞次(1987) 日本古典文学全集『平家物語(2)』, 小学館.

青木和夫 외 2인(1989)『古事記』(日本思想大系1), 岩波書店.

長谷川端(1994) 新編日本古典文学全集『太平記①』, 小学館.

菊地靖彦(1995) 교주・역 新編日本古典文学全集『土佐日記 蜻蛉日記』, 小学館.

松林靖明 외 2인 교주・역(2002) 新編日本古典文学全集『将門記 陸奥話記 保元物語 平治物語』, 小学館.

정치권력과 이민족 전승
이민족 인식의 시대적 변화

김 영 주

1. 머리말

2020년 1월 17일 오사카(大阪) 지방재판소는 오사카시(市)의 헤이트 스피치 제한 조례에 대해 합헌판결을 내렸다. 오사카시는 2016년 3월 일본에서 처음으로 헤이트 스피치 제한 조례를 제정했다. 그러나 헤이트 스피치는 사라지지 않았고 해당 조례가 헌법이 보장한 표현의 자유를 침해하고 있다는 주민소송이 제기되었다. 법원은 판결문에서 헤이트 스피치로 침해당하는 인권은 공익과 인도적 차원에서 반드시 보호되어야 하며, 설령 표현의 자유를 제약하더라도 해당 조례는 공공복지를 위해 필요한 합리적 조례라고 반론했다.[1] 이렇듯 법정은 인권의 손을 들어주면서 차별은 범죄라는 입장을 다시 한번 명확히 했지만 헤이트 스피치는 여전히 계속되고 있다.

일본은 근대화과정을 거치며 봉건제도적 피차별민 제도를 폐지했다. 일본 제국주의 하에서 실시된 식민지 국민 그리고 반정부세력 등의 이른바 일본 내 비국민에 대한 차별 역시 태평양전쟁의 종식과 함께 종료되었다. 그러나 제도적 차별의 틀이 사라진 이후에도 사회적 차별은 사라지지 않았다. 오늘날에도 피부색과 출신 등을 이유로 주류집단에서 배제되어 사회적 발언권과 지위를 인정받지 못하는 소수집단이 존재하며 이들 소수집단에 대한 사회적 차별도 계속되고 있다. 이러한 사회적 차별은 사회구성원 간의 불화와 충돌의 원인으로 작용하며 사회문제가 되어 왔고 갈등은 점점 깊어지고 있다. 한일관계 악화의 영향으로 한층 심각해지고 있는 헤이트 스피치는 일본내 소수민족 재일코리안과 일본 사회의 갈등을 보여주는 대표적인 예라고 할 수 있을 것이다. 차별의 원인은 다양하고 복합적이기 때문에 해결책을 찾기 위해서는 신중하고 충분한 검토가 필요하다. 국가와 개인을 비롯한 다양한 범위와 각도에서 접근해야 하며, 무엇보다 현재의 차별의식을 만들어낸 문화적 배경에 대한 깊이 있는 이해가 우선되어야 한다. 이것이 바로 차별과 차별에 대한 사회의식을 역사의 흐름 속에서 통시적으로 살펴

1 　朝日新聞デジタル(2020)「大阪市のヘイトスピーチ抑止条例「合憲」大阪地裁判決」, https://www.asahi.com/articles/ASN1K4W12N1KPTIL00R.html(検索日: 2020.6.5)

보아야 하는 이유이다.

이에 이글에서는 일본 고전 속에 기록된 이민족 관련 전승을 통시적으로 고찰함으로써 시대에 따라 변화하는 이민족 인식에 대해 살펴보고자 한다. 8세기 편찬된「풍토기(風土記)」『고사기(古事記)』『일본서기(日本書紀)』는 야마토 정권에 복속되지 않고 저항하는 이민족에 대해 기록하고 있다. 규슈(九州) 남부지방의 하야토(隼人)와 구마소(熊襲), 일본 각지에 전승이 남아있는 쓰치구모(土蜘蛛), 동북지방의 에조(蝦夷)[2]가 바로 그것이다. 기록은 이들을 중앙과는 구분되는 이질적인 풍습과 외모를 가지고 있는 문명화되지 않은 야만적인 집단으로 묘사한다. 이글에서는 실증적 고고학적 검증에 입각한 역사적 접근이 아닌, 전근대 일본인이 당시 자신들과 다른 문화를 가진 집단을 어떻게 이해하고 어떤 의미를 부여했는지에 초점을 맞추어 이민족 전승을 고찰할 것이다. 중앙의 이른바 야마토 민족과는 구분되는 이질적 집단으로서 정벌과 지배의 대상으로 간주되어 온 대상을 이민족으로 분류하여, 문헌으로 전해지는 이민족 전승의 변화 양상과 그 속에 담긴 시대 담론을 살펴봄으로써 전근대 일본의 이민족 인식에 대해 생각해보고자 한다.

---

2 「蝦夷」는 '에미시' '에비스' '에조'로 읽는다. 『일본서기』가 쓰여진 나라시대는 주로 '에미시' 또는 '에비스'라 읽었으나 헤이안 중기 이후 '에조'가 정착되어 사용되었다. 이글에서는 이해를 돕기 위해 '에조'로 통일하여 사용하기로 한다.

2. 하야토

1) 고대

'하야토(隼人)'는 현재 규슈 남부에 해당하는 오스미(大隅)와 사쓰마(薩摩) 지방에서 수렵과 고기잡이를 중심으로 농경생활을 하던 집단이다. 이들이 야마토 정권에 복속된 시기는 5세기 무렵으로 추정되고 있다. 다음은 『일본서기』리추천황(履中天皇) 조의 기사이다.

> 時に近習の隼人有り。刺領巾と曰ふ。…中略… 刺領巾、其の誂の言を恃みて、独り矛を執り、仲皇子の廁に入るを伺ひて刺殺し、即ち瑞歯別皇子に隷く。是に木莵宿禰、瑞歯別皇子に啓して曰さく、「刺領巾、人の為に己が君を殺す。其れ、我が為に大功有りと雖も、己が君に慈無きこと甚し。豈生くること得むやとまをし、乃ち刺領巾を殺す」
>
> 『日本書紀』巻第十二・履中天皇・即位前紀[3]

5세기 초반 닌토쿠천황(仁徳天皇)이 세상을 떠나자 제1황자였던 리추천황은 제2황자 스미노에노나카쓰미코(住吉仲皇子)의 반란을 진압하고 왕위에 오른다. 이때 리추천황은 나카쓰미코의 총애를 받는 사시히레(刺領巾)라는 이름의 하야토를 회유하여 나카쓰미코를 살해한다. 이 일화를 통해 중앙에 진출한 하야토가 황족의 최측근

---

3 小島憲之ほか校注訳(1996)『日本書紀(2)』, 小学館, pp.85-87.

에서 그들을 섬겼다는 것을 알 수 있다. 사시히레는 공을 세웠음에
도 모시던 주인을 배신했다는 이유로 죽임을 당하는데, 이 역시 황
실과 하야토 사이에 군신관계가 성립되어 있었음을 보여준다. 유
랴쿠천황(雄略天皇) 사후 장례 기사에도 다음과 같이 식음을 전폐하
고 울부짖으며 주군의 죽음을 애도하다 세상을 떠난 충성스러운
하야토를 기록하고 있다.

> 冬十月の癸巳の朔にして辛丑に、大泊瀬天皇を丹比高鷲原陵に葬りまつ
> る。時に隼人、昼夜陵側に哀号び、食を与へども喫はず、七日にして死
> ぬ。有司、墓を陵の北に造り、礼を以ちて葬る。
>
> 『日本書紀』巻第十五・清寧天皇・即位前紀[4]

하야토가 황실을 섬기게 된 유래는 『일본서기』와 『고사기』에 수
록된 우미사치야마사치(海幸山幸)[5] 신화에서 설명하고 있다. 우미사
치야마사치 신화는 일본의 초대 천황 진무천황(神武天皇)의 탄생으로
이어지는 신화로서 진무천황의 정당성을 뒷받침하는 중요한 내용
을 담고 있다. 『일본서기』 正文을 기준으로 신화의 줄거리를 간단히
정리하면 다음과 같다.

① 형 우미사치와 동생 야마사치는 서로의 사냥도구를 교환해 사냥과

---

4 『日本書紀(2)』, 前掲書, p.221.
5 문헌에 따라 형(海幸彦、ホデリ・ホノスソリ 등) 동생(山幸彦、ホオリ、ヒコホホデミ
　 등)의 다양한 호칭이 사용되고 있다. 이글에서는 우미사치(형)와 야마사치(동
　 생)의 약칭을 사용하기로 한다.

고기잡이에 나서지만 아무것도 잡지 못하고, 동생은 형의 낚싯바
늘을 잃어버린다.

② 야마사치는 낚싯바늘을 되찾기 위해 해신의 궁전을 방문한다.

③ 해신의 딸 도요타마히메(豊玉姫)와 결혼한 야마사치는 해신에게 받
은 바닷물을 조종하는 보주와 낚싯바늘을 가지고 돌아온다.

④ 야마사치는 보주를 사용해 형을 복종시키고, 형은 대대손손 야마
사치를 섬길 것을 약속한다.

⑤ 도요타마히메가 우가야후키아에즈를 낳는다.

⑥ 우가야후키아에즈와 다마요리히메(玉依姫) 사이에서 진무천황이
태어난다.

『일본서기』와 『고사기』는 우미사치야마사치 신화에 등장하는
형 우미사치가 바로 하야토의 조상이라 설명한다. 아래 인용문은
신화의 ④부분에 해당하는 『일본서기』正文이다.

彦火火出見尊、巳に宮に還りまし、一に海神の教に遵ひたまふ。時に兄
火闌降命、既に厄困されて、乃ち自ら伏罪ひて曰さく、「今より以後、吾汝
の俳優の民たらむ。請はくは、施恩活けたまへ」とまをす。是に、其の乞の
隨に遂に赦したまふ。其の火闌降命は、即ち吾田君小橋等が本祖なり。

『日本書紀』神代下巻・第十段・正文[6]

---

6 小島憲之ほか校注訳(1994)『日本書紀(1)』, 小学館, p.161.

형 우미사치(火闌降命)는 동생에게 항복하고 자비를 구하는데, 『일본서기』正文은 우미사치가 "아타노키미 오하시(吾田君小橋) 등의 시조"라고 적고 있다. 아타(吾田)는 현재 가고시마현 남부에 해당하는 지역으로 하야토의 근거지 가운데 하나였다.[7] 우미사치야마사치 신화 앞에 자리하는 천손강림 신화에서도 우미사치가 하야토의 시조라고 밝히고 있다. 우미사치와 야마사치를 낳은 어머니의 이명(異名)으로 "간아타쓰히메(神吾田津姫)"를 병기하고 있다는 점에서도 아타 하야토와의 관련성을 추측할 수 있다.[8]

우미사치는 앞으로 야마사치를 섬기는 "와자오기비토(俳優民)"가 되겠다고 약속한다. 와자오기비토는 우스꽝스러운 연기로 신과 사람을 위로하고 흥을 돋우는 일을 업으로 삼는 사람이다. 『일본서기

---

7 『일본서기』 덴무천황(天武天皇) 11년 7월 조에는 하야토가 입궁하여 공물을 바쳤다는 기록이 보이는데, 이때 오스미 하야토(大隅隼人)와 아타노 하야토(阿多隼人)가 스모 시합을 벌였다고 적고 있다. 「秋七月の壬辰の朔の甲午に、隼人、多に来て、方物を貢る。是の日に、大隅隼人と阿多隼人と、朝庭に相撲る。大隅隼人勝つ。」(小島憲之ほか 校注訳(1998) 『日本書紀(3)』, 小学館, p.419)

8 「其の地に一の人有り。自ら事勝国勝長狭と号る。皇孫問ひて日はく、「国在りや以不や」とのたまふ。対へて日さく、「此に国有り。請はくは任意に遊せ」とまをす。故、皇孫就きて留住ります。時に彼の国に美人有り。名けて鹿葦津姫と日ふ。亦は神吾田津姫と名ひ、亦は木花之開耶姫と名ふ。皇孫、此の美人に問ひて日はく、「汝は誰が子ぞ」とのたまふ。対へて日さく、「妾は是、天神の、大山祇神を娶り、生めたる児なり」とまをす。皇孫因りて幸したまふ。即ち一夜にして有娠みぬ。皇孫、信ならじとして日はく、「天神と雖復も、何ぞ能く一夜の間に人を有娠ましめむや。汝が懐める は、必ず我が子に非じ」とのたまふ。故、鹿葦津姫、忿恨み、乃ち無戸室を作り、其の内に入居りて誓ひて日はく、「妾が娠める、若し天孫の胤に非ずは、必ずやけ滅びなむ。如し実に天孫の胤ならば、火も害ふこと能はじ」といふ。即ち火を放ち室を焼く。始め起る烟の末より生り出づる児、火闌降命と号す。是隼人等が始祖なり。火闌降、此には褒能須素里と云ふ。次に熱を避りて居まし、生り出づる児、彦火火出見尊と号す。次に生り出づる児、火明命と号す。是尾張連等が始祖なり。凡て三子なり。」『日本書紀』神代下巻・第九段・正文(『日本書紀(1)』, 前掲書, p.123)

』이전(異伝) 가운데 一書第二는 하야토가 담당한 직무에 대해 다음과 같이 적고 있다.

> 乃ち伏罪ひて曰さく、「吾已に過てり。今より以往は吾が子孫の八十連屬、恒に汝の俳人と爲らむ。一に云はく、狗人といふ。請はくは哀びたまへ」とまをす。弟還涸瓊を出したまへば、潮自づからに息みぬ。是に、兄、弟の神德有しますことを知り、遂に其の弟に伏事ふ。是を以ちて、火酢芹命の苗裔、諸の隼人等、今に至るまでに天皇の宮墻の傍を離れず、吠ゆる狗に代りて事へ奉れる者なり。　　　　『日本書紀』神代下卷・第十段・一書第二[9]

"와자비토(俳人)"는 正文의 "와자오기비토"와 같은 뜻의 단어이다. 一書第二에서 주목할 부분은 "이누히토(狗人)"라는 호칭이다. 이누히토는 이름 그대로 개가 짖는듯한 소리를 내는 '이누보에(犬吠)' 의례를 수행하며 천황을 수호하던 하야토를 가리킨다. 一書第二의 본문에서도 "우미사치(火酢芹命)의 자손인 모든 하야토는 지금까지 천황의 황궁 곁을 떠나지 않고 번견을 대신해 봉사하고 있다"고 이누히토라는 호칭의 유래를 설명한다.

　하야토가 담당한 궁중의례는 이누보에만이 아니었다. 그들은 다이조사이(大嘗祭) 등의 궁중의례에서 이누보에와 함께 제의적 의미가 담긴 춤 '하야토마이(隼人舞)'를 공연했다. 하야토마이의 유래에 대해『고사기』는 다음과 같이 설명한다.

9　『日本書紀(1)』, 前揭書, p.173.

如此惣み苦しびしめし時に、稽首きて日ししく、「僕は、今より以後、汝命
の昼夜の守護人と為て仕へ奉らむ」とまをしき。故、今に至るまで其の溺れし
時の種々の態絶えずして、仕へ奉るぞ。[10]

야마사치를 "밤낮으로 지키는 사람"이 되어 모시기로 약속했기
에 "지금까지도 물에 빠졌을 때의 여러 몸짓" 전하여 모시고 있다
는 것이다. 『일본서기』一書第四는 이렇듯 물에 빠져 허우적거리는
모습을 본뜬 춤사위를 자세하게 서술하면서 이때 "훈도시를 입고
붉은 흙을 손바닥과 얼굴에 발랐다"고 적고 있다.[11]

이누보에와 하야토마이에는 천황을 수호하는 주술적 능력이 있
다고 여겨졌기 때문에 야마토 정권 초기 궁중의례에서 중요한 위치
를 차지했다. 고향을 떠난 하야토는 점차 주술적 능력이 약해진다고
생각했기 때문에 정기적으로 규슈의 하야토로 교체되기도 했다.[12]

고대의 하야토 전승은 하야토 세력이 야마토 정권에 복속하게
된 유래와 함께 궁중의례에서 '이누보에'와 '하야토마이'를 담당하
게 된 유래를 설명하는 내용이 주를 이룬다. 정사(正史) 『일본서기』

10　山口佳紀ほか校注訳(1997)『古事記』, 小学館, pp.134-135
11　「故、兄、弟の徳を知り、自ら伏辜ひなむとす。而るを弟、慍色して与共言ひたまは
　　ず。是に兄、犢鼻を著け、赭を以ちて掌に塗り面に塗り、其の弟に告して日さく、
　　「吾身を汚すこと此の如し。永に汝の俳優者為らむ」とまをす。乃ち足を挙げて踏行
　　き、其の溺れ苦しぶ状を学ぶ。初め潮足に漬く時には足占を為し、膝に至る時には
　　足を挙げ、股に至る時には走り廻り、腰に至る時には腰を撫で、腋に至る時には手を
　　胸に置き、頸に至る時には手を挙げ飄掌す。爾より今に及るまでに、曾て廃絶むこと
　　無し。」(『日本書紀(1)』, 前掲書, pp.195-186)
12　吉川弘文館 国史大辞典編集委員会(2010)「隼人」, Web版『国史大辞典』,
　　https://japanknowledge.com/(検索日: 2020.6.5)

에 수록된 신대기록에서 그 유래를 설명하고 있다는 점에 주목할 필요가 있다. 뒤에서 살펴볼 '쓰치구모'와 '에조'가 일방적 토벌의 대상으로 묘사된 데에 비해서 하야토는 천황의 방계혈족으로 정의되고 있기 때문이다.

율령제도가 실행된 7세기 중엽은 하야토에 대한 지배가 큰 전기를 맞이한 시기였다. 일부 하야토를 긴키(近畿)지역 주변에 이주시키는 분단지배 정책이 시행되고, 이들을 관리하는 관청 하야비토노쓰카사(隼人司)가 설치되었다. 그러나 701년 율령제도가 완성된 이후에도 하야토는 야마토 정권의 체제 하에 편입되지 않기 위해 저항했고, 720년 야마토 정권과 하야토 사이에 최대 규모이자 마지막 군사충돌이 일어났다. 『고사기』와 『일본서기』가 편찬된 8세기 초반, 하야토를 완전히 복속시키는 일이 야마토 정권의 주요 관심사였음을 쉽게 추측할 수 있다. 이러한 당시의 시대적 배경을 고려하면 하야토 전승은 정치적 목적에 의해 기기신화(記紀神話)에 삽입되었을 가능성이 크다. 유력 호족세력의 시조 전승을 윤색해『일본서기』라는 천황가 중심의 새로운 신화체계 속에 편입시킨 것처럼, 우미사치야마사치 신화의 하야토 전승 역시 야마토 정권의 하야토에 대한 통치를 정당화하기 위해 만들어진 신화로 보는 것이 타당할 것이다. 마쓰모토 나오키도 지적했듯이, 하야토의 시조 전승을 '이누보에'와 '하야토마이'라는 실존하는 의례와 연관지어 신대(神代)로 소급해 설명함으로써 하야토를 제압해 신하로 삼은 시기가 신대라고 주장하려는 목적이 있었다고 생각된다.[13]

2) 중근세

이어서 중세 이후 하야토 전승은 어떻게 전개되었는지 살펴보도
록 하겠다. 중세 이후 하야토는 역사기록은 물론 문헌에서 자취를
감춘다. 현재 확인 가능한 하야토 관련 기록은 주석서의 우미사치
야마사치 신화 부분 또는 군기이야기(軍記物語)에서 과거의 영웅담으
로 하야토 퇴치가 짧게 언급되는 정도이다. 우미사치야마사치 신
화 속 하야토 전승 역시 수정되거나 삭제되었다. 12세기말 고시라
카와인(後白河院)에 의해 제작된 에마키『히코호호데미노미코토에마
키(彦火々出見尊絵巻)』는 우미사치야마사치 신화를 소재로 하고 있다.
아래 인용문은 형이 동생에게 복종을 약속하는 ④부분에 해당하는
본문이다.

> しからば、わがこ、むまご、つぎへに、つぎ目の、めくらむかぎりは、きみ
> の□□むつふねとなりて、みつぎものを、そな□□みとならむと、ちかふとき
> に …中略… おとゝのみこは、いまに、みかどになりつゝおはす。このかみの
> みこの、そうは、やまとのくに、よしのゝこほりにて、ちかひによりて、せちゑ
> ごとに、にゑをたてまつるなり。[14]

형(このかみのみこ)이 동생에게 대를 이어 충성할 것을 맹세하는 내용

13　松本直樹(1992)「隼人服属伝承について―海幸山幸神話の研究―」『古代研究』27,
　　p.27.
14　横山重ほか校訂(1983)『彦火々出見尊絵巻』,『室町時代物語大成11』所収, 角川書
　　店, pp.30-31.(이하 구독점과 탁점은 필자에 의함)

은 동일하지만 하야토의 이름은 보이지 않는다. 『히코호호데미노
미코토에마키』에서 형의 후손은 현재 나라현 남부에 해당하는 요
시노(吉野郡)에 살고 있다. 이들이 누구인지에 대해서는 아직 정확히
밝혀지지 않았지만, 규슈 남부의 하야토가 아닌 것만은 확실하다.
고대 하야토 전승에서 중요한 의미를 지니던 '와자비토' '이누보
에' '하야토마이' 등의 요소도 찾아볼 수 없다. 본문은 형이 동생에
게 공물(貢物)을 바치기로 약속하고, 형의 후손은 이 약속에 따라서
조정에서 연회(節会)가 열릴 때마다 공물(贄)을 바치고 있다고 적고
있다. 본문의 뒤로는 "공물을 바치는 장면(みつぎもの、たてまつるところ)"이
라는 설명과 함께 등에 참외를 실은 말을 끌고 가는 소년과 건물 안
에 모여있는 사람들 그리고 참외가 쌓여있는 평상을 묘사한 평화
로운 풍경 그림이 이어진다.

　우미사치야마사치 신화를 소재로 하는 또 하나의 에마키 『가미
요모노가타리(かみよ物語)』[15]에서도 하야토는 보이지 않는다. 하야토
뿐 아니라 형 우미사치의 후손에 대한 후일담 전체가 삭제되어 있
다. 무로마치 시대에 제작된 것으로 추정되는, 현존하는 전본 가운
데 가장 오래된 이와세문고본(岩瀬文庫本) 『가미요모노가타리』는 이
야기의 결말을 다음과 같이 적고 있다.

　　あにの御こ、たすからせたまひて、すなはち、おとゝの御ことへ、御くらゐ

---

15 『かみよ物語』는 표제와 내제 없이 전해지는 전본이 많아 확정된 호칭이 존재하
　지 않는다. 이글에서는 가장 오래된 이와세문고본의 제목을 기준으로 『かみよ
　物語』로 통일하여 사용한다.

をゆづり、あにの御ことは、すらせたまふ[16]。ほゝでみ、世をうけとらせたま
ひ、日本のぬしと、ならせたまふ。是すなはち、りうぐうの、はからひとぞ、き
こえし、ふしぎなりし事ともなり。

　かくて、御くらゐ、ほゝでみの御ことへ、わたし、くうでん、らうかく、日本
を、わたし給ふぞ。めでたく、おぼえける。[17]

　본문은 형(あにの御こ)이 "동생에게 왕위를 양보하고 형은 퇴위하셨
다" "궁전, 누각, 일본을 건네주셨다"고 기술하며 그 후손에 대해서
는 전혀 언급하지 않는다. 그럼에도『가미요모노가타리』에는 야마
사치에게 공물을 바치는 존재가 등장한다. 그 주체는 형 우미사치
의 후손이 아니라 이국(異国) "류큐와 고려(りうきう、こうらいこくまで)"이다.

　まことに、五か国三か国の、ぬしとなるたに、ともしき事なきに、りうきう、
かうらいこくまで、あひしたがひ、みつぎ物、たからをそなへ、しつちまんぼ
う、みちみてり。[18]

　왕위에 오른 야마사치에게 일본 국내는 물론 바다 건너 류큐(琉球)
와 고려까지 공물과 보물을 바쳤다고 서술하고 있는 것이다. 더욱
흥미로운 사실은『가미요모노가타리』의 전본 가운데 에도시대에

16　본문 "すせらまふ"를 오사카아오야마(大阪青山) 역사문학박물관본『玉井の物語』
　　(横山重ほか校訂(1980)『玉井の物語』,『室町時代物語大成8』所収, 角川書店, p.557)
　　를 참고하여 교정하였다.
17　横山重ほか校訂(1962)『かみよ物語』,『室町時代物語集5』所収, 井上書房, p.41.
18　『かみよ物語』, 上掲書, p.41.

제작된 것으로 추정되는 「게이오대학도서관본」과 「이소라신사본(磯良神社本)」에는 '류큐'에 해당하는 부분이 '용궁(竜宮)'으로 적혀 있다는 점이다.[19] 이것은 단순한 실수가 아니라 당대 일본인의 세계관의 변화가 반영한 결과로 보인다. 류큐는 독립된 왕국이었지만 1609년 사쓰마번(薩摩番)의 침략을 받고 일본의 속국이 된다. 17세기 이후 류큐가 일본의 영향력이 미치는 내부로 인식되기 시작하면서 이국을 의미하면서 류큐와 발음도 유사한 '용궁'으로 수정된 것으로 추정된다.

우미사치야마사치 신화는 대표적인 하야토 전승을 담고 있다. 그런데 고대의 우미사치야마사치 신화는 야마토 정권에 대한 하야토의 복속과 의무의 유래를 설명하고 있지만 중세 이후의 우미사치야마사치 신화는 그렇지 않다. 『히코호호데미노미코토에마키』에 등장하는 형 우미사치의 후손은 요시노군에 살면서 철마다 공물을 바치는 일족으로 묘사되며, 『가미요모노가타리』는 형의 후일담 전체를 생략하고 있다.

『고사기』와 『일본서기』가 편찬된 8세기 초에는 하야토 복종에 대한 유래담은 큰 의미가 있었을 것이다. 그러나 9세기 하야토가 야마토 정권 체제에 흡수되어 사라지면서 이제는 남부 규슈의 사람들을 하야토라 부르며 구분하지 않는 시대가 되었다. 하야토가 사라지자 하야토 복속 전승은 그 가치를 상실하게 되었으며, 시대

---

19 「게이오대학도서관본」=「りうくう」, 「이소라신사본」=「龍宮」(金英珠(2013)「絵巻『かみよ物語』の成立をめぐって―謡曲『玉井』との影響関係を中心に―」『説話文学研究』48, p.115)

변화에 맞추어 다른 존재로 대체되었다. 하야토 전승은 역사적 사실과 분리되어 기록 주체인 권력층의 필요에 따라 변용되며 이용되었다고 할 수 있다.

3. 쓰치구모

1) 고대

고대의 쓰치구모 관련 전승은 「풍토기」에 26개, 『고사기』에 1개, 『일본서기』에 5개가 수록되어 있다. 다음은 가장 널리 알려진 쓰치구모 전승인 『일본서기』진무천황 조에 수록된 쓰치구모 전승이다.

　　　己未年の春二月の壬辰の朔にして辛亥に、諸将に命せて士卒を練ふ。是の時に、層富県の波哆の丘岬に新城戸畔といふ者有り。丘岬、此には塢介佐棄と云ふ。又和珥の坂下に居勢祝と云ふ者有り。坂下、此には瑳伽梅苔と云ふ。臍見の長柄の丘岬に猪祝といふ有り。此の三処の土蜘蛛、並に其の勇力を恃み、肯へて来庭ず。天皇、乃ち偏師を分遣し皆誅さしめたまふ。又高尾張邑に土蜘蛛有り。其の為人、身短くして手足長く、侏儒と相類へり。皇軍は葛の網を結ひて掩襲ひ殺す。因りて号を改め其の邑を葛城と曰ふ。　　　　　　　　　　　　『日本書紀』巻第三・神武天皇己未年二月[20]

---

20 『日本書紀(1)』, 前揭書, pp.227-228.

본문에서는 쓰치구모의 겉모습을 "키가 작고 손발이 길어 난쟁이와 비슷했다"고 기록하고 있다. 가쓰라기(葛城)의 지명 유래담인 이 전승은 후대 문헌에도 자주 인용되었다. 『헤이케모노가타리(平家物語)』 5권의 「조테키조로에(朝敵揃)」도 대부분 그대로 인용하며 쓰치구모는 "신장이 작고 손발이 길며 힘은 사람들보다 월등하다(身みじかく足手ながくて、力人にすぐれたり)"[21]고 적고 있다.

본문은 또한 쓰치구모가 "힘이 강한 것을 믿고 귀순하지 않았기" 때문에 천황이 군대를 파견해 이들을 모두 죽여버렸다고 적고 있다. 아래의 게이코천황(景行天皇) 12년 기사에서도 쓰치구모는 "천황의 명에 따르지 않겠다"고 주장하고 있으며, 이에 반란을 우려한 야마토 정권에 의해 토벌되었다.

> 茲の山に大きなる石窟有り。鼠石窟と曰ふ。二人の土蜘蛛有り、其の石窟に住む。一を青と曰ひ、二を白と曰ふ。又直入県の禰疑野に三の土蜘蛛有り、一を打猨と曰ひ、二を八田と曰ひ、三を国摩侶と曰ふ。是の五人は、並に其の為人強力く、亦衆類多し。皆曰く、『皇命に従はじ』といふ。若し力に喚さば、兵を興して距かむ』とまをす。
>
> 『日本書紀』巻第七・景行天皇・十二年十月[22]

고대 쓰치구모는 대부분 일반적 주택이 아닌 동굴에 거주하며 보통 사람과 구별되는 외모를 가지고 있으며 야마토 정권에 복속

---

21 市古貞次校注訳(1994)『平家物語(1)』, 小学館, p.267.
22 『日本書紀(1)』, 前掲書, pp.351-353.

되는 것을 거부해 토벌되는 집단으로 묘사된다. 선행연구에서는 이러한 쓰치구모 토벌 전승을 이민족 정복의 역사를 반영하는 이야기로 해석한다.[23] 그런데 앞에서 살펴본 하야토와 달리, 대다수의 쓰치구모 전승은 신화적 전승으로 전해지고 있으며 역사적 사실에 기반한 전승은 찾아보기 어렵다.[24] 쓰치구모 전승이 규슈 남부 휴가(日向) 지방부터 현재 이바라키현(茨城県)에 해당하는 히타치(常陸) 지방까지 광범위하게 분포하고 있다는 점 역시 쓰치구모가 특정 이민족이 아니라 중앙에 복속되지 않는 토착세력에 대한 통칭으로 광범위하게 사용되었을 가능성을 뒷받침한다. 쓰치구모는 천황의 명을 받은 군대에 의해 토벌되어 사라지는 존재로 등장하며, 당연히 후일담도 존재하지 않는다. 쓰치구모에 비견되는 이민족은 상당히 이른 시기에 토벌 또는 복속을 통해 사라졌으며, 실체를 상실한 이민족 쓰치구모는 야마토 정권의 영토확장 과정에서 영웅적 정복담으로 재생산되었다.

2) 중근세

중세 쓰치구모 전승의 가장 큰 변화는 인간이 아닌 거미의 모습을 한 요괴로 묘사되기 시작한 것이다.[25] 키가 작고 손발이 긴 난쟁

---

23 福島好和(1971)「土蜘蛛伝説の成立について」『人文論究(関西学院)』21, pp.47-74; 水野祐(1984)「土蜘蛛伝説とその実態」『現代思想』12-8, pp.306-317 등.
24 『일본서기』에 기록된 마지막 쓰치구모 전승은 진구황후(神功皇后) 조의 토벌 기사이다.
25 김영주(2016)「조적(朝敵)의 요괴화에 관한 일고찰」『일어일문학연구』97, pp.

이의 모습으로 묘사되었지만, 고대의 쓰치구모 전승에 등장하는 쓰치구모는 틀림없는 인간이었다. 그러나 중세 이후 쓰치구모는 요괴가 되어 무사에게 퇴치당하는 존재로 변한다. 남북조시대에 제작된 에마키 도쿄박물관본『쓰치구모조시(土蜘蛛草子)』를 비롯해, 무로마치시대의 요쿄쿠(謠曲)『쓰치구모(土蜘)』에서도 쓰치구모는 몸에서 실을 내뿜는 거미요괴로 묘사된다. 아래는 무로마치모노가타리『부케한조(武家はんしゃう)』에 수록된 쓰치구모에 대한 묘사이다.

> 神武天皇の御時、やまとの国、葛城の下郡に、土蛛といふものあり。その
> かたち、かしらに角おひ、髪の色火のごとし。まなこ、大にして、光りあり、
> 鏡のおもてに、朱をさしたるごとくなり。四の牙くひちがふて、のこぎりのごと
> し。六の手、ふたつの足ありて、はなはだながし。ちからつよくして、石をと
> ばし、山をくづし、木をぬく。身より、自き糸を、くりいだし、人を見ては、打
> かけ、引よせ、けだものを、まきころして、食として、人をなやまし、王命に
> したがはず。[26]

본문에서는 쓰치구모의 겉모습을 "머리에 뿔이 나고 머리카락은 불꽃 같고, 눈이 크고 번쩍이는 것이 마치 거울에 붉은색을 칠한 것 같았다. 4개의 송곳니가 맞물려 톱날 같았으며, 여섯 개의 팔과 두 개의 다리가 있고 대단히 길었다"고 묘사한다. 또한 "몸에서 흰실을 만들어 사람을 발견하면 실을 쏘아 잡아들이고 동물을 감아

23-41. 이하 쓰치구모에 대한 내용은 본 논문을 참고하였다.
26 横山重校訂(1962)『武家はんしゃう』,『室町時代物語集12』所収, 井上書房, p.49.

죽여서 먹었다"고 적고 있어 겉모습뿐 아니라 그 습성 역시 사람을
잡아먹는 요괴임을 알 수 있다.

중세 쓰치구모 전승에서 흉폭한 요괴 쓰치구모는 겐지(源氏)로 대
표되는 무사에 의해 퇴치된다. 고대 쓰치구모 전승이 야마토 정권
의 이민족 정복담이었다면, 중세와 근세의 쓰치구모 전승은 천황
과 백성을 위해 싸우는 무사의 무용담으로 다시 태어났다고 할 수
있을 것이다. 무사정권의 정당성은 천황과 국가를 평안하게 수호
하는 데 있었다. 중세 쓰치구모의 요괴화는 이상적인 무사상(武士像)
과 무사정권의 당위성을 보여주기 위해서, 무사계층의 주도로 에
마키와 공연예술(能) 등을 중심으로 이루어졌다고 생각된다. 더는
실존하지 않는 존재이며, 하야토와 달리 황실과 접점이 없는 이민
족이었다는 점에서 쓰치구모는 요괴퇴치담으로 활용하기 적합한
대상이었을 것이다.

4. 에조

1) 고대

에조(蝦夷)는 일본 열도 동북쪽 지역을 근거지로 활동한 집단에
대한 총칭으로 사용되기 시작했으나 점차 그 범위를 좁혀 혼슈(本州)
북단과 홋카이도(北海道)에 거주하는 아이누 민족을 지칭하는 용어
로 사용되기 시작했다. 현존하는 가장 오래된 기록은 『일본서기』

진무천황(神武天皇) 조에 기록된 아래 노래이다.

蝦夷を　一人　百な人　人は云へども　手向ひもせず

『日本書紀』卷第三「神武天皇」即位前紀戊午年十月[27]

　노래는 "에조(에미시) 한 명은 백 명에 필적한다 하지만 우리에게
는 전혀 대적할 수 없다"는 뜻으로 본문표기 "愛瀰詩"를 통해 '에미
시'라고 읽었음을 알 수 있다. '에조'라는 용어가 정착된 것은 헤이
안 중기 이후로, 그 이전까지는 '에미시'와 '에비스'라고 읽는 것이
일반적이었다. 의미에서도 시대에 따른 차이가 보이는데 고대 초
반에는 위 노래에서도 알 수 있듯이 이민족뿐 아니라 힘세고 용맹
한 사람을 뜻하는 단어로도 사용되었다. 한편 '에비스'는 가마쿠라
시대가 되면 무사의 대명사가 되어 무용을 가진 무사를 의미하기
도 했다.[28] 이렇듯 '에미시' '에비스' '에조' '아이누 민족'은 시대
에 따라 다양하게 해석되었으며, 그 인류학적 분류와 문화적 뿌리
를 밝히기 위한 연구도 활발하게 진행되고 있다. 이글에서는 인류
학적 관점이 아닌 문화사적 관점에서 에조 전승의 변천을 살펴보
도록 하겠다.

　일본의 정치사에서 이민족 정벌 전승은 중요한 위치를 차지한
다. 야마토타케루는 동정(東征)에 앞서 쓰치구모와 규슈 구마소를

---

27 『日本書紀(1)』, 前揭書, pp.218-219.
28 喜田貞吉(1980)「武士を夷ということの考」『喜田貞吉著作集』第九卷, 平凡社, pp.274-
295.

평정하고 에조를 정벌했으며, 중세 막부의 수장은 정이대장군(征夷
大将軍)에 임명됨으로써 정치 권력을 인정받았다. 하야토가 9세기
이후, 쓰치구모는 그보다 훨씬 이전에 이민족으로서의 실질적 의
미를 상실한 데 반해서, 에조는 근세까지 북방 이민족으로 일본을
위협했다. 그럼 가장 널리 알려진 게이코천황(景行天皇) 조의 야마토
타케루의 에조 정벌 전승을 중심으로 고대의 에조 전승을 살펴보
도록 하겠다.

> 武内宿禰、東国より還て奏して言さく、「東夷の中に、日高見国有り。其
> の国の人、男女並に椎結文身し、為人勇悍なり。是総て蝦夷と曰ふ。亦土
> 地沃壌にして曠し。撃ちて取るべし」とまをす。
>
> 『日本書紀』巻第七「景行天皇」二十七年二月十二日[29]

게이코천황 27년 다케시우치노스쿠네(武内宿禰)는 동쪽 지방을 살
피고 돌아와 천황에게 에조를 치자고 간언한다. 그곳의 "토지가 비
옥하고 광대하기 때문에" 공격해 빼앗자는 것이다. 간언에 앞서 에
조에 대해 "남녀 모두 망치모양으로 머리를 묶고 문신을 했으며 용
맹하고 강하다"고 설명하고 있는데 '왕명을 거스르거나' '반란을
일으키는' 등 토벌의 이유가 될만한 내용은 보이지 않는다. 그러나
5개월 뒤 기사에서는 에조에 대한 적대적 내용이 서술되며 토벌 명
령이 내려지고 있다.

---

29 『日本書紀(1)』, 前掲書, p.365.

天皇、群卿に詔して曰はく、「今し東国安からずして、暴神多に起る。亦
蝦夷悉に叛き、屢人民を略む。誰人を遣してか其の乱れたるを平げしめむ」
とのたまふ。…中略…則ち天皇斧鉞を持ちて、日本武尊に授けて曰はく、
「朕が聞けらく、其の東夷は、職性暴強く、凌犯を宗と為す。村に長無く、
邑に首勿し。各封堺を貪りて並に相盗略む。亦山に邪神有り、郊に姦鬼有
り。衢に遮り、径を塞ぎ、多に人を苦しびしむ。其の東夷の中に、蝦夷は是
尤も強し。男女交り居、父子別無し。冬は則ち穴に宿ね、夏は則ち樔に住
む。毛を衣、血を飲み、昆弟相疑ふ。山に登ること飛禽の如く、草を行くこ
と走獣の如し。恩を承けては則ち忘れ、怨を見ては必ず報ゆ。是を以ちて、
箭を頭髻に蔵し、刀を衣の中に佩き、或いは党類を聚めて辺界を犯し、或い
は農桑を伺ひて人民を略む。撃てば草に隠れ、追へば山に入るときく。故、
往古より以来、未だ王化に染はず。

『日本書紀』巻第七「景行天皇」二十七年七月十六日[30]

천황은 신하를 모아 "지금 동쪽 지방은 평온하지 않다. 거친 신
들이 날뛰고 있으며 에조는 모두 모반을 일으켜 인민을 약탈하고
있다"는 이유를 제시하며 토벌을 명한다. 에조 토벌은 유교적 덕치
사상에 입각한 정의롭고 타당한 행동인 것이다. 천황은 이어서 동
쪽 이민족은 "속성이 흉포하며 침략이 빈번하다" "마을에 수장이
없어 서로 영역을 다투며 약탈한다" "산과 들에 악한 귀신이 산다"
"동쪽의 여러 이민족 가운데 에조(에미시)가 가장 강하다"고 이야기

---

30 『日本書紀(1)』, 前掲書, pp.369-372.

하며 에조(에미시)를 "겨울에는 굴 속에서 자고 여름은 나무 위 집에
서 산다. 털가죽을 입고 생피를 마시는" 야만인으로 묘사한다. 또
한 에조가 아직 왕화(王化) 즉 천황의 덕에 감화되어 야마토 정권에
복종하지 않은 이유는 "공격하면 풀숲에 숨고 쫓으면 산으로 도망
가기 때문"이라고 설명하며 야마토타케루에게 확실한 정벌을 명
했다. 고대 에조 전승은 하야토와 쓰치구모에 비해 그 풍습이 상당
히 구체적으로 묘사되어 있는데, 이는 『일본서기』가 편찬되었을
당시 야마토 정권 외부에 실존하던 이민족으로서의 특징이 반영된
결과로 평가할 수 있을 것이다.

2) 중근세

가마쿠라 후기에서 무로마치 시대에 걸쳐서 수많은 「중세태자
전(中世太子伝)」이 저술되었다. 「중세태자전」은 헤이안 초기에 성립
된 『성덕태자전략(聖德太子伝曆)』에 뿌리를 두면서도 『성덕태자전략』
과는 달리 한문이 아닌 화한혼교문(和漢混交文)으로 서술되었으며, 내
용면에서도 『성덕태자전략』에서 크게 변형되거나 전혀 새로운 전
승을 수록하고 있다는 특징이 있다.[31]

『성덕태자전략』의 성덕태자의 열 살 기록에는 에조가 등장한다.
해당 내용을 간단히 소개하면, 히다쓰천황(敏達天皇) 10년 2월에 에
조 수천 명이 국경을 침입하자 천황은 신하를 모아 대책을 논의하

---

31 前田雅之(2005) 「「鬼神」と「心正直」―世太子伝の蝦夷形象をめぐって―」 『文学』 6-2,
　　p.157.

는데 이때 당시 열 살이었던 성덕태자가 에조를 물리치는데 큰 공을 세운다는 내용이다. 「중세태자전」은 다양한 이본(異本)이 존재하며 각 이본은 전체적 구성은 동일하지만 부분적으로는 다양하고 특징적인 내용을 담고 있다. 성덕태자의 에조 퇴치의 활약상에서도 이본에 따라 표현과 내용에 차이를 확인할 수 있다. 마에다 마사유키(前田雅之)는 2005년 발표한 일련의 논문에서 「중세태자전」의 전본을 크게 세 계열로 나누고 각 계열에 나타난 에조의 이미지를 분석하고 있다[32]. 여기에서는 이 가운데 특징적인 내용을 담고 있는 분보본(文保本) 계열[33]의 성덕태자 10살 조에 수록된 에조 전승을 소개하고자 한다.

≪但群臣ノ承ルニ二僉議共ヲ一罪業ノ根源殺生ノ基ト覚へ侍り。≫彼夷共ガ形ハ同ニ鬼神ニ一力用自在也。或ハ放矢前ニ塗リレ毒ヲ侍レバ、中ル二彼毒ノ矢ニ一者ノ千万人ガ之中一人モ難キレ助者也。或ハ雨シテレ霧ヲ隠スレ城ヲ様々ノ軍ノ秘術アリ≪侍レバ≫。日本ノ軍兵以ニ二百万騎ヲ一合戦シ給トモ更ニ不レ可レ叶。[34]

분보본 계열의 「중세태자전」에서 성적태자는 "에조의 형상은 귀신(鬼神)과 같고 힘을 자유자재로 사용한다"고 말한다. 여기서 성덕

---

32 前田雅之, 上揭論文, pp.157-173; 前田雅之(2005) 「鬼神」と「心正直」(承前)―世太子伝の蝦夷形象をめぐって―」『文学』6-3, pp.179-199.

33 『太子伝(輪王寺本)』『長徳大使伝記(醍醐寺本)』

34 前田雅之(2005) 「「鬼神」と「心正直」―世太子伝の蝦夷形象をめぐって―」『文学』6-2, p.167 재인용.

태자가 자유자재라고 설명하는 힘은 밑줄 친 뒷부분에 이어서 설명하고 있는 독화살을 사용하거나 안개를 피워 성이 보이지 않게 숨기는 능력을 의미한다. 독화살 등 에조가 가지고 있는 우수한 무기와 전투능력에 대해서는 선행하는 『일본서기』에서도 언급하고 있지만, 분보본 계열 「중세태자전」은 에조의 겉모습을 귀신으로 묘사하고 있다는 점에서 선행 전승과 차이를 보인다.

실존하는 이민족을 인간이 아닌 귀신=오니(鬼)의 형상으로 묘사하는 예는 가마쿠라 후기에 제작된 에마키『모코슈라이에코토바(蒙古襲来絵詞)』에서도 찾을 수 있다. 몽고군과 에조에 대한 이러한 표현은 국가적 위기를 초래하는 존재를 향한 절대적 두려움이 반영된 결과로 볼 수 있다. 오니 묘사에는 두려움과 동시에 이민족에 대한 멸시의 시선이 담겨있음을 간과해서는 안 된다. 무로마치모노가타리『온조시시마와타리(御曹子島渡)』에는 에조를 향한 이러한 중의적 시선이 보다 분명히 나타나 있다.『온조시시마와타리』는 남북조시대부터 에도시대 초기에 걸쳐 쓰인 산문문학으로, 미나모토노 요시쓰네(源義経)의 영웅적 활약을 담고 있다. 다음은 17세기 중엽 에도시대 전기에 제작된 것으로 추정되는 아키타현립도서관본(秋田県立図書館本)『온조시시마와타리』의 본문의 일부이다.

「いかに申さん、わが君様、それ弓取には、巻物なうてかなふまじ。これより丑寅にあたり、蝦夷が島と申すは、鬼の住んでいる島ですが、この島の鬼王、虎の巻と申して、第一の宝候ふよしに候ふ。これは、鬼国の日月と、光を表して、めでたき宝なるよし、承り候へば、君この島に渡り給ひ、いかにも

略をめぐらして、この巻物を取り給ひ、御帰りあれや。その儀にて候はば、奥
州五十四郡に触状を回し、十万余騎を催し、都へ攻め上り、源氏の御世とな
すべきなり。わが君様」とぞ申しける。　　　秋田県立図書館本『御曹子島渡』[35]

　후지와라노 히데히라(藤原秀衡)는 북동쪽에 있는 오니가 사는 섬
'에조가시마(蝦夷が島)'의 귀왕(鬼王)이 가지고 있는 도라노마키(虎の巻)
를 손에 넣으면 "겐지의 세상"을 만들 수 있다고 조언한다. 도라노
마키를 얻기 위해 에조가시마를 향해 출발한 요시쓰네는 불가사의
한 섬들을 지나 마침내 에조가시마에 도착한다. 유포본(流布本) 계통
의 시부카와본(渋皮本)은 북쪽에 위치한 섬의 이름을 다음과 같이
"지시마(千島)" 또는 "에조가시마"라고 적고 있다.

　「日本国は神国なにてましませば、もののふのてがらばかりにては成りがた
し。是よりも北州に、一つの国有り、千島とも蝦夷が島とも申す。そのうちに
喜見城の都有り、其王の名をば、かねひら大王と申しけり。かの内裏に一つ
の巻物有り、其名を大日の法と申してかたき事なり。されば、現世にては祈
祷の法、後世にては仏道の法なり。此兵法を行ひ給ふ物ならば、日本国
は、君の御ままになるべし、何とぞ御調法あって御覧候へ」と申し奉れば

渋皮版『御曹子島渡』[36]

35　大島建彦ほか校注訳(2002)『御曹子島渡』,『室町物語草子集』所収, 小学館, pp.92-
　　93.
36　市古貞次校注(1985)『御曹子島渡』,『御伽草子(上)』所収, 角川文庫, p.105.

'지시마'는 일본열도와 캄차카반도 사이에 있는 지시마 열도로 '에조'의 거주지이다. '에조가시마'라는 섬 이름과 위치에서 짐작할 수 있듯이 이 이야기에는 이민족 에조에 대한 이미지가 투영되어 있다. 요시쓰네는 에조가시마에 도착해 마주친 섬의 주민을 다음과 같이 묘사하고 있다.

> 御曹子は、蝦夷が島に上らせ給ふが、折節、鬼どもは、岩を起こし、古木に上りて遊びしが、御曹子の花の姿を一目見て、古木より飛んで下り、なにがし餌食になさんとて、熱鉄の棒を取り、火炎の息を吹き出し、紅の舌ふりあげ、御曹子を目がけてかかりけり。　　秋田県立図書館本『御曹子島渡』[37]

요시쓰네를 본 오니는 "자기 먹이로 삼으려고 달군 강철방망이를 들고 화염의 입김을 내뿜고 붉은 혀를 널름거리며" 다가온다. 「아키타현립도서관본」과 「시부카와본」은 본문 서술은 물론 삽화에서도 섬 주민들을 뿔이 돋고 호피를 두른 오니의 모습으로 표현하고 있다. 섬의 주인인 대왕 역시 키가 16척, 눈과 귀가 16개, 입 16개, 머리가 8개의 형상이지만, 평상시에는 동자의 모습을 하고 있다고 설명한다.[38]

에조의 이미지가 투영된 에조가시마는 야만적인 오니가 사는 섬

---

37 大島建彦ほか校注訳『御曹子島渡』, 前掲書, pp.104-105.
38 「この大王が背の高さ十六丈、目鼻十六、口十六、頭は八つ、ささやく声は雷のごとく、怒れば、百千万の霹靂神、鳴りわたりたるごとくにて、山も崩れ、大地も裂けるごとくなり。しかれども、常はかかるかたちなく、よきの童子と同じなり。」(大島建彦ほか校注訳『御曹子島渡』, 前掲書, pp.107-108)

인 동시에 도라노마키를 포함한 보물이 가득한 이계(異界)의 섬이다. 요시쓰네는 대왕의 딸 아사히와 혼인해 그녀의 도움으로 도라노마키를 손에 넣지만 아사히를 버려두고 귀국하고 돌아보지 않는다.

5. 맺음말

지금까지 일본 고전에 수록된 '하야토' '쓰치구모' '에조' 관련 전승을 중심으로 시대에 따른 이민족 인식의 변화에 대해 살펴보았다.

고대의 이민족 전승은 야마토 정권의 이민족 정복 역사를 반영하며 정치 권력의 정당성과 힘을 강조하기 위한 목적으로 이용되었다. 전승이 수록된 『고사기』와 『일본서기』가 강력한 왕권 하에서 편찬된 역사서라는 점도 수록된 전승의 성격에 큰 영향을 미쳤을 것이다. 그런 이유에서 이민족에 대한 역사적 사실보다는 전승의 극적 효과를 높이기 위해서 이민족 이미지는 수정되거나 새로운 내용이 추가되었다. 이러한 움직임은 비단 고대에 머물지 않았다. 중세 이후 새롭게 정권을 잡은 무사계층을 중심으로 고대의 이민족 전승이 새롭게 해석되고 다시 쓰였다. 특히 '하야토'와 '쓰치구모'는 이른 시기에 정벌 또는 야마토 정권에 동화되어 사라졌기 때문에 전승을 수정하기 쉬운 대상이었다. 한편 근세까지 실존했던 이민족 '에조'는 공포와 호기심의 대상으로 작용하며 다양한 이야기에 이국(異国)으로 등장하게 되었다. 이렇게 역사적 사실에서 유리되어 정치 권력에 의해 재생산된 전승은 민간으로 확산되고 그 과정에서 당연히 일본인의 이민족 인식에도 영향을 미쳤을 것이다. 정치 권력에 의해서 기존의 전승이 새롭게 해석되고 재생산되는 흐름은 근대로도 이어진다. 천황 중심의 선민사상을 바탕으로 강력한 근대국가를 건설하고 침략전쟁을 진행하는 과정에서 일제가 고대신화를 정치적으로 이용한 것은 잘 알려진 사실이다. 이 과정에서 이민족 관련 전승 역시 신화학자의 재해석을 거쳐 단일민족신화로 다시 태어났다.[39] 본 논문에서 다루지 못한 근세 에조 전승과 근대 제국주의 하의 이민족 전승과 인식에 대해서는 향후의 연구과제로 삼고자 한다.

---

39 小熊英二(2000)『単一民族神話の期起源』, 新曜社, p.119; 전성곤(2013)「『기기(記紀)』신화 텍스트와 바리언트(variant) 창출 사이에서」『아시아문화연구』29, pp.353-377.

| 참고문헌 |

◇ 텍스트·사전·기사
朝日新聞デジタル(2020)「大阪市のヘイトスピーチ抑止条例「合憲」大阪地裁判決」,
　　　　https://www.asahi.com/articles/ASN1K4W12N1KPTIL00R.html(検
　　　　索日: 2020.6.5)
市古貞次校注(1985)『御曹子島渡』,『御伽草子(上)』所収, 角川文庫.
市古貞次校注訳『平家物語(1)』, 小学館.
大島建彦ほか校注訳(2002)『御曹子島渡』,『室町物語草子集』所収, 小学館.
小島憲之ほか校注訳(1994~1998)『日本書紀(1)~(3)』, 小学館.
山口佳紀ほか校注訳(1997)『古事記』, 小学館.
横山重ほか校訂(1962)『かみよ物語』,『室町時代物語集5』所収, 井上書房.
横山重校訂(1962)『武家はんしやう』,『室町時代物語集12』所収, 井上書房.
横山重ほか校訂(1980)『玉井の物語』,『室町時代物語大成8』所収, 角川書店.
横山重ほか校訂(1983)『彦火々出見尊絵巻』,『室町時代物語大成11』所収, 角川書店.
吉川弘文館 国史大辞典編集委員会(2010)「隼人」, Web版『国史大辞典』,
　　　　https://japanknowledge.com/(検索日: 2020.6.5)

◇ 논문·저서
김영주(2016)「조적(朝敵)의 요괴화에 관한 일고찰」『일어일문학연구』97.
전성곤(2013)「『기기(記紀)』신화 텍스트와 바리언트(variant) 창출 사이에서」『아
　　　　시아문화연구』29.
喜田貞吉(1980)「武士を夷ということの考」『喜田貞吉著作集(9)』, 平凡社.
金英珠(2013)「絵巻『かみよ物語』の成立をめぐって―謡曲『玉井』との影響関係を中
　　　　心に―」『説話文学研究』48.
野中直恵(1998)「義経伝承の系譜と展開―鬼一法眼伝承をめぐって―」『軍記文学の
　　　　系譜と展開』, 汲古書院.
福島好和(1971)「土蜘蛛伝説の成立について」『人文論究(関西学院)』21.
前田雅之(2005)「「鬼神」と「心正直」」『文学』6-2.
　　　　　(2005)「「鬼神」と「心正直」(承前)」『文学』6-3.
松本直樹(1992)「隼人服属伝承について―海幸山幸神話の研究―」『古代研究』27.
水野祐(1984)「土蜘蛛伝説とその実態」『現代思想』12-8.

하치오지센닌도신(八王子千人同心)을 통해 본
에도시대 신분제의 모순

양 익 모

1. 머리말

에도시대는 철저한 신분제 사회로서 사·농·공·상이라는 기본
적 신분계층 이외에도 에타(穢多)·히닌(非人)과 같은 천민 계층이 존
재하였다. 도요토미 히데요시가 태합검지(太閤檢知)를 실시하여 공조
(貢租)를 취하는 무사와 공조를 납입하는 백성의 구분이 명확하게
되었다. 병농분리는 병에 의한 농의 지배 다시 말하자면 '사농공
상'이라고 표현할 수 있는 차별을 사회 기간(基幹) 부분에 적용한 것
이다[1]. 즉 신분이 존재할 수 있었던 것은 '차별'이라는 의식의 문제
에 기인한다고 볼 수 있다. 이러한 차별의식은 계층간의 차별로 나

타나기도 하며 경우에 따라서는 계층내의 신분변화를 저해하는 요 인으로도 작용한다. 다시 말하자면 같은 계층으로 인식되던 사람 들이 다른 계층 특히 상위의 계층으로 변화하는 것을 꺼려하는 행 동으로 나타나기도 한다. 또한 '차별'의식은 신분제가 폐지된 현대 사회에도 계속적으로 존재하고 있다. 본고에서 다루고자 하는 에 도시대 하치오지센닌도신(八王子千人同心)은 무사시국(武藏国) 다마군(多 摩郡) 하치오지(八王子)를 중심으로 거주하면서 근세 초기부터 막말에 이르기까지 일상적으로는 농업에 종사하며 연공을 납입하지만 동 시에 무사로서의 '역(役)'도 담당하여 무사에게 지급되는 후치미(扶 持米)·기리미(切米) 등을 지급 받던 존재였다. 즉 백성과 무사의 특성 을 모두 가지고 있었던 계층이었다.

이시모다 쇼(石母田正)는 계급은 특정 역사적 사회의 생산 관계, 그 시대의 주요한 생산수단에 대한 소유관계에 의해 규정되며 신분은 계급관계가 정치적 또는 국가적 질서에 의해 고정된 계층적 질서 로 정의하였다.[2] 마르크스는 인간의 본질은 정신이 아니고 노동이 며 노동 과정 즉 생산활동에 있어서 소유가 발생하고 그 소유를 기 축으로 계급이 형성된다고 보았다. 그리고 착취를 행하는 지배계 급이 법에 의해 규정하는 것이 신분이라고 한다. 물론 신분론과 관 련하여 일본사 안에서도 많은 연구가 행해졌다[3]. 이러한 가운데 아

---

1 朝尾直弘(1992)『日本の近世 7 身分と格式』, 中央公論社, p.21.
2 石母田正(1973)『日本古代国家論』, 岩波書店, p.250.
3 石母田正(1973)『日本古代国家論』, 岩波書店; 安良城盛昭(1984)『日本封建社会 成立史論』, 岩波書店; 佐々木潤之助(1985)『幕藩制国家論』上下, 東京大学出版会; 網野善彦(2005)『日本の歴史をよみかえす(全)』, ちくま学芸文庫; 網野善彦, 塚田孝

미노 요시히코의 백성론을 보면 아미노는 '백성을 농민이라고 한 정할 수 없다'라고 주장하였다. 아미노는 근세 와지마(輪島)지방의 문서를 분석하여 71%가 가시라부리(頭振: 無高백성)였지만 이 가운데 에는 옷칠기 직인, 면직인, 상품판매를 담당하는 상인, 해상운송업 자 등이 포함되어 있었다는 것을 증명하면서 그들은 토지를 가지 지 않았던 것이 아니라 가질 필요가 없었던 사람들이었다는 것이 라고 주장하였다. 즉 농업의 종사여부에 따라 백성을 구분하는데 에는 한계가 있다는 것이다. 또한 원래 백성(百姓)이란 많은 성(姓)을 가진 일반 인민의 의미이며 농민이라는 요소는 없었고 백성이 농 민이라는 의식이 사회에 정착되는 것은 에도시대 후기가 되어서라 는 것이 아미노의 주장이다[4]. 여기서 주목할 수 있는 것은 백성이 지만 토지를 가지고 있지 않은 많은 사람들이 존재했던 것이다. 즉 백 성으로 분류되었지만 그들이 수행하는 역(役)을 보았을 때 백성으 로 분류될 수 없었던 존재였다는 것이다. 즉 백성으로서 종문개(宗 門改) 등의 장부에 이름을 올리고 있었지만 다른 직업을 가지고 이 었던 사람들이었던 것이다. 즉 다양한 신분의 사람들을 인위적으 로 백성으로 규정하여 신분이 경직되어 있었다는 것을 알 수 있다.

본고에서는 하치오지센닌도신(이하 센닌도신)의 무사주장에 대하 여 아미노의 주장과 이시모다의 주장에 주목하여 신분적 차별에 대하여 재고해보고자 한다. 즉 에도시대 신분의 변화와 관련한 문

(1987)『近世日本身分制の研究』, 兵庫部落問題研究所 등이 일본의 신분에 관하 여 많은 연구성과를 남기고 있다.

4 網野善彦(2005)『日本の歴史をよみかえす(全)』, ちくま学芸文庫, pp.229-272.

제를 생각해 보고자 하는 것이다. 센닌도신의 무사신분의 주장과
막부의 불허 방침에 대해 먼저 아미노의 주장과 관련하여 역으로
구분되는 에도시대의 신분 결정 모순을 생각해 볼 것이며 이시모
다의 주장에서는 신분이 정치적, 국가적 질서에 의해 고정되었다
는 점에 주목하고자 한다. 한가지 명확하게 해 둘 부분은 본고의 목
적이 센닌도신의 신분이 무사인가 백성인가를 명확히 하는 것이
아니라는 것이다. 센닌도신의 신분규정은 다음 장에서 소개하는
선행연구에서 많은 논의가 이루어졌다. 본고에서는 이러한 논의에
대한 비판이나 보충을 행하기 보다 막부가 규정해 놓은 신분의 틀
속에서 이를 명확히 지키지 않았던 점에 대하여 비판적 검토를 행
하고자 하는 것이다. 이를 통해 신분 규정의 경직화가 차별을 전제
로 하고 있었다는 점을 밝히고자 하는 것이다.

2. 선행연구 소개

'하치오지센닌도신'에 관한 선구적인 연구는 1936년에 발표된
다카하시 신이치(高橋磌一)의 「八王子千人同心について」이다[5]. 다카하
시는 센닌도신이 '로닌(牢人)' 즉 무사신분이지만 경제적 곤란에 의
해 농민화 되었다는 견해를 보인다. 이에 대하여 요시오카 다카시
(吉岡孝)는 다카하시의 논문은 당시의 연구상황이 여실히 드러난 논

5　高橋磌一(1936)「八王子千人同心について」,『史学』第一五巻 二号, pp.129-161.

문으로 센닌도신을 '로닌'으로 논증 없이 단순히 무사화 하였다고 지적한다[6]. 다카하시가 센닌도신을 무사로 규정한 것에 대하여 1949년에 발표된 도야 도시유키(戸谷敏之)의 「近世に於ける武蔵国多摩郡の農業経営」에서는 농민적 성격을 강조하고 있다[7]. 센닌도신의 신분을 농민으로 주장하는 연구로 가이누마 다다시(開沼正)의 연구가 주목된다[8]. 가이누마는 먼저 센닌도신과 무사를 구분, 특히 '군역의 의무' 여부에 따라 구분하였다. 이러한 구분에 의해 센닌도신을 단순히 무사에 부속되어 노동력을 제공하는 이들로 규정하였다. 또한 센닌도신의 경우는 '용병'으로 규정짓고 있으며 '하치오지 센닌도신'의 성립도 하치오지의 방어는 하나의 구실이며 본래의 목적은 그 당시 실업자 구제에 기인한다고 주장한다. 가이누마의 주장에 대해서는 향후 보다 세밀히 검토하여 비판적 견해를 추가하고자 한다. 1974년 이후 무라카미 다다시(村上直)를 중심으로 한 연구그룹은 하치오지(八王子)를 중심으로 사료 조사와 연구를 통해 많은 사료를 소개하였다. 이 연구그룹 가운데 한명인 이케다 노보루(池田昇)는 센닌도신은 고케닌이었지만 경제적 빈곤에 의해 지위가 저하하였다는 '지위저하론'을 주장하였다[9]. 신분과 관련한 선행연구의 논지는 센닌도신의 신분을 무사로 보는가, 농민으로 보는

6　吉岡孝『八王子千人同心における身分越境』, 岩田書院, 2016, p.29

7　戸谷敏之(1949)「近世に於ける武蔵国多摩郡の農民経営」, 『近世農業経営史論』, 日本評論社, pp.128-157.

8　開沼正(1999.8)「江戸の防衛と八王子」, 『通信教育部論集』2号, 創価大学通信教育部学会, pp.89-102.

9　池田昇(1981)「寛政改革と八王子千人同心」, 村上直 編, 『江戸幕府千人同心史料』, 文献出版, pp.35-68.

가로 집약해 볼 수 있다. 무사로 보는 경우에도 '경제적 빈곤'을 계기로 신분이 저하하였다는 논지를 찾아볼 수 있다. 한편 요시오카 다카시(吉岡孝)는 기본적으로 센닌도신은 백성신분이라고 주장하면서도 마쓰다이라 사다노부(松平定信)가 로주(老中) 취임기간중인 1787년부터 1793년 사이에 행한 막정개혁(幕政改革)인 간세이 개혁(寬政改革) 이후 센닌도신을 고케닌(御家人: 하급무사)로 하는 언설이 존재하였고 이러한 언설은 센닌도신 집단은 물론이고 이들을 관리하였던 야리부교(鑓奉行), 센닌가시라(千人頭), 주변의 일부 백성들에 이르기까지 매우 강고하였다고 지적한다[10]. 요시오카의 연구에서 특히 주목할 만한 것은 이러한 센닌도신의 신분의 이중적인 신분 규정에 대하여 '신분월경(身分越境)'의 개념을 도입하고 있는 점이다. 요시오카는 1990년대부터 일본근세사 연구분야에서 대두된 '신분적 주연(周緣)[11]'에 관한 연구의 성과를 이용하여 센닌도신의 신분적 복합성을 설명하였다. 무사신분에 있어 '신분월경'의 배경에는 무사의 주연화(周緣化)와 신분적 중간층의 대두가 있었고 센닌도신이 간세이 개혁 이후 고케닌이라는 의식을 가지기 시작하여 그것이 사회적으로 지지받았던 것은 '신분월경'이 그 시기에는 구조화되었기

---

10 吉岡孝『八王子千人同心における身分越境』, pp.31-32.
11 신분적 주연에 관한연구는 1990년에 쓰카다 다카시(塚田孝), 요시다 노부유키(吉田伸之), 와키타 오사무(脇田修)가 중심으로 '신분적주연' 연구회 활동을 시작한 것이 모체로 기존의 '사농공상'으로 규정지었던 근세 신분제를 비판적으로 검토하여 이들 네 가지의 신분이외에도 어디에도 포함되지 않는 주연적(周緣的) 존재 즉 '사농공상'으로 단순화 할 수 없는 신분을 가지고 있었던 이들이 다수 존재하였다는 주장이다. 이러한 주장은 현재 일본 근세의 신분론에 있어서는 긍정적인 평가를 받고 있다.

때문에 당연한 것이었다고 주장하였다[12]. 즉 요시오카는 센닌도신의 신분은 농민이었으나 신분의 사회적 변화에 따라 무사신분을 의식하게 되었다는 결론에 도달하고 있다. 또한 중요한 것은 신분은 '사농공상'으로 명확히 구분할 수 없고 그 경계에 위치한 '주연(周緣)'적 신분이 존재하였다는 '신분적 주연'론에 입각하여 센닌도신이 그러한 위치에 있었다는 것이다. 본고에서는 선행연구에 대하여 비판적 검토보다는 센닌도신의 신분에 대한 상반된 연구가 존재한다는 것을 염두에 두고 저자 나름대로 막부와 센닌도신 간에 신분적 이견이 존재하게 되는 배경을 살펴보고자 한다. 선행연구에 대한 자세한 비판 특히 센닌도신을 완전히 농민 신분으로 규정한 '가이누마 다다시'의 연구에 대해서는 보다 세밀한 분석을 통한 비판적 검토가 필요하다고 생각된다.

3. 하치오지센닌도신의 성립

센닌도신의 원형은 센고쿠다이묘 다케다씨(武田氏)를 섬긴 고비토가시라(小人頭)에 의해 통솔되었던 군사집단이었다. 고비토가시라는 주겐가시라(中間頭)라고도 불려 9인이 각각 30명씩의 고비토·주겐을 맡아 다케다 신겐의 저택, 영국 내외를 연결하는 주요 도로의 경비를 담당하였다[13]. 다케다씨가 멸망하고 가이국(甲斐国)이 도쿠가와

---

12 吉岡孝『八王子千人同心における身分越境』, p.32.
13 고비토(소인)는 에도시대 무가에서 잡역에 종사했던 이들로 고비토가시라는

이에야스의 지배하에 들어오자 이에야스는 다케다씨의 가신을 다수 고용하여 이에야스의 가신단에 편성하였다. 이때 고비토가시라들도 도쿠가와씨의 가신단에 편성되게 되어 가이국 국경의 경비를 담당하였다. 이때 고비토가시라의 수하에는 약250~300명 정도의 고비토가 속해 있어 고비토가시라-고비토·주겐(도신)의 형태를 취하고 있었고 이러한 형태가 하치오지센닌가시라-도신으로 변화하게 된다[14]. 1590년 8월 도쿠가와 이에야스가 관동을 지배하게 되면서 이들 고비토가시라들도 하치오지(八王子) 성하정(城下町)에 이주하였고 다음해에는 고비토가시라 1명이 증원되고 고비토도 증원되어 10명의 고비토가시라 수하에 500명의 고비토가 속하게 되었다. 1599년에는 세키가하라 전투 준비를 위해 500명이 증원되어 고비토가시라는 각100명의 고비토를 지휘하게 되었다. 이러한 경위를 거쳐 10명의 고비토 가시라가 1000명의 고비토를 통솔하는 '하치오지센닌도신'이 성립하게 된다[15].

이에야스는 관동입국 이후 산성(山城)폐지 정책을 취했다. 산성은 적이 이용할 경우, 에도 공략의 거점으로 이용될 우려가 있었기 때문인데 하치오지성(八王子城)이나 하치가타성(鉢形城: 사이타마현)이 이 정책에 의해 폐성이 되었고 하치오지의 경우 폐성과 함께 센닌도

다케다씨의 직속 가신단으로 메쓰케역을 담당하면서 주변국에서 가이국(야마나시현)으로 연결되는 도로를 수비하였고 전시에는 창을 들 병사들을 인솔하여 출진하였다. 神立孝一(2000) 「八王子千人同心」, 久留島浩 編, 『シリーズ近世の身分的周縁一支配をささえる人々一』, 吉川弘文館, p.202.

14 神立孝一 「八王子千人同心」, p.203.
15 神立孝一 「八王子千人同心」, p.203.

신과 관동 18다이칸(関東18代官=八王子18代官)이 설치되었다[16]. 이때 센닌도신은 방어를 관동 18다이칸은 지방행정면을 담당하였다. 한편 요시오카는 센닌도신이 하치오지에 설치된 이유를 방어적인 측면보다 하치오지의 정치적 위치에 있었다고 주장한다[17]. 즉 단순히 방어적 측면만을 강조하는 것이 아니라 당시 하치오지의 상황을 고려하여 센닌도신을 하치오지에 설치하게 되었다는 것이다. 조금 더 요시오카의 주장을 정리해보면 다음과 같다. 에도막부초기 다이칸가시라(代官頭)[18] 오쿠보 나가야스(大久保長安)는 하치오지 오카도마치(小門町)에 진야(陳屋: 관청, 병영)를 설치하고 수하의 다이칸을 주변에 배치하여 막부직할령을 관리하였다. 이들 나가야스 수하의 다이칸들을 이른바 하치오지 18다이칸으로 불리었고 이들은 나가야스와 같이 다케다 가문의 구신(舊臣)이 대부분이었다. 이러한 하치오지는 광역 막령지배의 거점 역할을 하였지만 막부체제가 확립되지 않은 초기에는 치안적 혼란이 있었던 지역이었다. 따라서 다이칸진야는 방어를 위해 또한 다이칸 행정상의 필요에 의해 어느 정도의 무력이 필요하였다. 이를 위해서 치안불안의 한 요소였던 센고쿠다이묘를 주군으로 삼고 있었던 로닌들(실업자)을 고용함으로써 치안불안의 요소를 제거함과 동시에 그들의 무(武)를 이용하는

---

16 八王子市教育委員会 編『八王子千人同心史 通史編』, p.15.
17 吉岡孝(2002)『八王子千人同心』, 同成社, p.18.
18 다이칸가시라(代官頭) : 에도초기 도쿠가와씨의 관동영국 지배를 위해 설치한 관직으로 大久保長安, 伊奈忠次, 彦坂元正, 長谷川長綱 등을 가리키며 이들은 수하에 다이칸 등을 두어 연공징수, 덴마테가타(伝馬手形) 등의 연서장을 발급하는 임무를 수행하였다.『日本史広辞苑』, 山川出版社, 1997, p.1281.

일석이조의 배치였다는 것이다. 즉 성립기에 센닌구미는 막부직속 군의 구성원이었다는 것이 첫 번째 이유이며 이차적으로는 정치적 거점이었던 하치오지의 경호라는 역할을 수행하였다는 것이다.

4. 센닌도신의 신분 변화

1) 센닌도신의 역할과 신분

하치오지를 중심으로 한 다이칸 진야(代官陣屋)는 오쿠보 나가야스 (大久保長安) 사후에도 다이칸에 의한 광역지배의 중핵으로 기능을 담 당하였지만 1676년 이후 순차적으로 폐지되어 1704년에는 완전히 폐지되게 되었다. 이로서 센닌도신의 존재 이유 중 하나였던 다이 칸진야와 관련된 업무는 없어지게 되었다. 또한 평화의 시대에 접 어들어 막부직속군으로서의 군사동원도 없어지게 되었다. 이러한 상황하에서 센닌도신에게 주어진 새로운 업무가 일광동조궁(日光동 조궁)의 경호(日光の火の番)였고 평화상태의 지속 가운데 점차 무사의 역을 부담하지 않는 기간에는 농업에 종사하거나 농민들과 혼인 등을 통해 농민화하는 경향을 보이기 시작하였다.

먼저 에도초기 센닌도신의 역할 및 신분을 에도막부의 공식기록 인『덕천실기(德川實紀)』를 통해 살펴보고자 한다[19].

---

19 『德川実紀』第一巻, 吉川弘文館, 1976, p.192.

[사료1]

에도에서 긴창을 가진 주겐(中間), 무주(武州: 武藏国) 하치오지에서 신규로 500명 정도를 고용하여 소록(小祿)의 갑주(甲州: 甲斐国) 무사가 가시라(頭)로 임명되었다. 하치오지는 무사시국과 가이국의 경계로 비상시에는 그들에게 고보토케토우게(小仏峠) 입구를 지키게 하실 생각으로 이와 같이 명하셨다. 도신(同心)들은 항상 가이(국) 군내(郡内)에 머물며 견직물류를 비롯한 그 지역의 산물을 중개하여 에도에 가져와 파는 일은 평상시의 업으로 하게 하였다.

이 사료에서는 두 가지를 알 수 있다. 긴창을 가진 주겐으로 무사시국과 가이국의 경계임무를 염두에 두고 설치하였다는 점과 도신은 평상시에 견직물을 비롯한 지역의 산물을 중개하는 역할을 하였다는 점이다. 첫 번째 내용은 센닌도신들이 무사로서의 역할을 하였다는 점으로 본고에서 센닌도신이 무사의 역을 행하였다는 주장의 근거이며 두 번째 점은 초기부터 센닌도신은 무사와 평민을 겸하는 신분이었다는 점이다. 이 두 번째 점은 1792년 4월에 센닌도신을 관할하였던 야리부교에게 센닌도신의 관리와 관련하여 내린 문서에서 상이점을 찾아볼 수 있다[20].

[사료2]

도신은 농촌(在方)에 거주하고 있기 때문에 관습(風儀)을 잃어버린

---

20 八王子市教育委員会 編(1990) 『八王子千人同心史 資料編Ⅰ』, p.100.

자도 있다고 알고 있다. 봉록이 적어(小給) 농업을 하여 보충하고 있는 것은 당연하지만 그 이외에 상인과 같은 행동으로 신분을 망각하는 것은 옳지 않다. 이러한 자는 그 품행에 따라 해임해도 좋다.

즉 [사료1]에서는 평상시에 상인과 같은 역할을 수행하였지만 [사료2]에서는 농업을 겸하는 것은 인정하나 상업을 겸하는 것은 인정하고 있지 않다는 것이다. 이러한 변화와 관련하여는 아직 그 이유를 알 수 있는 사료를 발견하지 못하여 상세한 내용은 알 수 없으나 두 가지 모두 무사와 평민의 신분을 겸하는 것을 막부에서 인정하고 있었다는 점이다.

센닌도신의 역할은 전술한 바와 같이 도쿠가와씨의 관동입국과 함께 신영토의 군사체제강화의 일환으로서의 역할이 주어졌지만 점차로 군사적 기능은 약해지고 쇼군의 상락(上洛), 일광사참시의 공봉(供奉) 등을 행하게 되었으며 1652년부터는 '일광동조궁의 경호' 역할을 맡게 되었다[21]. 이러한 센닌도신의 업무는 막말까지 계속되었고 일시적으로 '에도의 소화(消火) 임무'에도 동원되었지만 두 가지 임무로 부담이 증가하여 결국 경작상의 일손부족에 의한 궁핍화를 이유로 탄원이 제기되어 '에도의 소화 임무'는 사면되었다[22]. 즉 초기의 군사적 기능이 약해진 뒤에도 무사로서의 기능을 담당하였다는 것을 알 수 있다. 더욱이 막말에 이르게 되면 다시 군사적 역할이 증가하여 1863년 이후에는 동원 명령이 빈번하게 내려졌다[23].

---

21 池田昇(1975.3)「八王子千人同心のえど火の番について」,『法政史学』第27号, p.36.
22 神立孝一「八王子千人同心」, p.207.

이렇게 센닌도신은 에도 전시기에 걸쳐 무사로서의 기능을 수행했었던 것을 알 수 있다. 그러나 센닌도신의 신분이 문제가 되는 것은 무사적 기능을 수행하면서 신분은 농민의 신분으로 대우 받았다는 것이다. 이는 요시오카가 주장하는 '신분적 주연'에 해당하는 신분이었다는 것을 알 수 있다. 이러한 센닌도신의 신분변화 내지는 신분의 혼동은 간세이(寬政) 개혁 안에 포함된 센닌도신과 관련된 내용을 통해서도 알 수 있다. 이는 센닌도신에 대한 막부의 모순된 방침을 엿볼 수 있는 사례이기도 하다. 1792년 「센닌구미개정(千人組改正)」령이 발포된 이후 몇 년에 걸쳐 센닌구미에 관한 다양한 개혁안이 발포되는데 이 가운데에는 신분과 관련된 내용도 찾아볼 수 있다. 앞서 인용한 [사료2]를 다시 한번 살펴보면 봉록이 적어 농민을 겸하고 있는 것을 인정하고 있음을 알 수 있다. 농민을 겸한다는 서술은 농민 이외의 신분을 가지고 있었다는 것을 막부 스스로도 인정하고 있다는 것을 알 수 있다. 다음해인 1793년 4월에 센닌도신에게 31개조의 내용이 포함된 문서가 발포되는데 이 가운데 1조에 '이전부터 하달한 바와 같이 문무충효(文武忠孝) 깊이 새겨야 할 것이다'[24]라고 무사를 상대로 하달하는 내용이 포함되어 있다. 이는 막부가 센닌도신에게 무사로 취급하고 있었음을 알 수 있다. 막부가 센닌도신을 농민과 구분하고 있다는 사실은 1795년 5월에 센닌가시라에 내린 문서에서도 알 수 있다[25].

---

23 神立孝一「八王子千人同心」, p.207.
24 『八王子千人同心史 資料編Ⅰ』, p.109.
25 『八王子千人同心史 資料編Ⅰ』, p.106.

[사료3]

(전략)

하치오지센닌도신은 5인조장부, 종문개장부에 이후에는 센닌도신이라고 명시하고 소지하고 있는 전답은 친척 등을 인수인으로 정하여 그 이름을 다이칸, 영주, 지토(地頭)에 보고할 것.

다만 위와 같아도(센닌도신으로 명시하는 것) 5인조장부, 인별장에 묘지(姓)를 인정하는 것은 아니다

센닌가시라에

[사료3]에서 '센닌도신'이라고 명시해야 함을 지시하는 것은 농민과 구분되는 존재임을 나타내는 것이며 '성'을 인정하는 것은 아니다라고 명시하고 있는 것은 농민과 구분되는 신분임을 명시하면서도 무사로서는 인정할 수 없다는 이중적인 기준을 제시하는 것이다. 또한 센닌도신이 소유한 전답을 친척 등의 명의로 하게 한 것은 센닌도신이 연공납입자(농민)의 신분이 되는 것을 막기 위한 조치였음을 추측해 볼 수 있다. 이와 같이 막부는 센닌도신에게 무사로서의 의무를 강요하면서도 백성으로 취급하려는 이중적인 태도를 취하고 있었음을 알 수 있다. 여기서 다시 한번 '신분적주연'론을 상기해 볼 수 있다. 막부가 분명히 농민과 구분을 지으면서도 무사신분을 인정하지 않는 것은 센닌도신이 양쪽 신분 모두에 속하는 신분이었음을 추측해 볼 수 있다. 그러나 다음 절에서 살펴보는 센닌도신의 무사신분 주장에서는 막부 이외에 나누시도 센닌도신의 무사신분 주장에 반발을 하고 있었던 점을 알 수 있다. 즉 계층

내의 신분변화에 대한 반발인 것이다.

2) 센닌도신의 무사신분 주장

먼저 앞서 서술한 백성과 무사 신분의 차이를 보다 상세히 정리해보면 다음과 같다[26]. 먼저 연공을 받는 입장인가 납입하는 입장인가이다. 이것은 근세 봉건 사회의 근본적인 제도이기도 하고 지배층과 피지배층을 명확히 구분하는 근거이기도 하다. 근세 봉건 사회의 신분적인 기본 제도는 히데요시의 태합검지 실시에 의해 검지장(檢知帳)에 기재된 '작인(作人)'은 연공청부 책임자로서 등록되어 매년 연공납입이 의무시 되었다. 에도막부도 이러한 제도를 계승하여 실시하였다. 따라서 연공을 징수하는 자가 무사이며 납입하는 자가 농민이라는 구성이다. 두 번째로 농민은 '촌청제(村請制)'에 의해 만들어진 5인조제도에 편성되어 '5인조 장부'에 이름이 기재되었고 이는 그리스트교 금제를 위해 만들어진 '종문개장(宗門改帳)'으로 이어졌고 이를 기반으로 만들어진 호적제도라고도 할 수 있는 '종문인별장(宗門人別帳)'에도 그대로 답습되었다. 따라서 농민은 종문인별장에 등록되었지만 무사는 등록되지 않았다. 마지막으로 무사는 '묘지타이토(苗字帶刀)' 즉 성을 가질 수 있고 허리에 칼을 찰 수 있었다. 그러나 이러한 백성과 무사 신분의 차이는 '센닌도신'에게 있어서는 일괄적으로 적용되지 않았다. 본고에서 다루는

---

26 神立孝一「八王子千人同心」, pp.200-201.

주요 내용은 '묘지'와 관련된 부분이다.

평화의 시대 속에서 센닌도신의 역할은 축소되고 박봉을 보충하기 위해 과역을 부담하는 시간 이외에 농업에 종사하는 경우도 생겨났고 점차 주변 백성과의 결혼 등으로 백성화 하는 경향을 보임으로써 센닌도신의 백성 겸업이 나타나기 시작한 것이다. 그러나 이러한 가운데 모순이 드러난 것은 센닌도신의 무라야쿠닌(村役人) 겸업 문제이다. 1697년 당시 나누시(名主: 무라야쿠닌 가운데 한명)이면서 센닌도신으로 근무하였던 시오노이베(塩野伊兵衛)가 다이칸으로부터 센닌도신은 무라야쿠닌을 겸임해서는 안 된다는 통보를 받고 진우에몬(仁右衛門)에게 센닌도신을 물려주려고 하였다[27]. 이는 백성의 센닌도신의 겸업이 일반화 되는 가운데 무라야쿠닌은 겸업이 불가하다는 모순된 방침을 보여주는 것이다. 그러나 센닌도신 사이에서는 또 하나의 경향 즉 무사로서의 신분을 확고히 하려는 경향이 보여진다. 1704년 센닌도신 56명이 '普弟の士' 즉 '후다이(譜代)의 무사'가 되고 싶다고 탄원을 제출하였다. 센닌도신이 후다이가 되면 '고케닌' 취급을 받기 때문에 무사로서의 신분이 확정될 수 있었던 것이다[28]. 이는 센닌도신이 무사로서의 직무를 수행하는 존재로서 탄생하였지만 시대적인 변화 가운데 백성과의 혼동이 생김으로써 그 지위가 불안정하게 되었고 이에 안정된 신분을 갖기 위한 노력이었다고 볼 수 있다.

백성신분과의 혼동은 성(姓)의 부여 여부 문제에서도 나타난다.

---

27 吉岡孝『八王子千人同心』, p.25.
28 吉岡孝『八王子千人同心』, p.26.

센닌도신의 성(姓) 부여 여부를 알 수 있는 사료로 센니도신 가시라였던 시오노 데키사이(塩野適斎)가 저술한 센닌도신의 역사『소토닛기(桑都日記)』[29]가 있다. '소토닛기'에 의하며 1678년 센닌도신들 사이에서 수가 부족하여 업무가 과다하다는 불만을 에도에 상신하려는 일이 벌어졌고 센닌가시라(千人頭)가 이를 막아보려고 노력하지만 결국 성공하지 못하고 센닌도신의 처벌을 막부에 상소하였다. 이에 막부는 센닌도신에게는 원류(遠流) 추방(追放) 등의 처벌을 내렸고 센닌가시라는 훈계(訓戒)에 처하였다. '소토닛기'에는 이때 처벌된 센닌도신의 이름이 기재되어 있는데 '성은 전해지지 않고 있다'고 기술되어 있어 이 기술은 이 시기 통상적으로 센닌도신이 '성'을 가지고 있지 않았을 가능성을 시사한다[30]. 한가지 본고에서는 자세히 언급하지 않겠지만 '원류'라는 처벌은 무사신분에게 가해지는 처벌로 백성들에게 부과되는 경우는 없었던 처벌이다. 즉 센닌도신이 무사에 해당되는 처벌을 받았던 것이다.

이러한 과정 가운데 1727년에는 센닌도신이 무사로서의 상징 가운데 하나인 '성'을 부여받고자 하는 움직임이 나타난다.

하치오지 15숙(十五宿)[31]의 다이칸지배지에 거주하고 있던 도신(同心)들이 1727년(享保12) 종문개인별장에 성(姓)을 기재하려고 하여 그

---

29 1827년부터 1834년 사이에 완성된 다마(多摩)지방의 地誌서로서 하치오지도신과 지역의 여러 상황을 편년식으로 해설을 첨가하여 저술.
   https://ja.wikipedia.org/wiki/%E6%A1%91%E9%83%BD%E6%97%A5%
   E8%A8%98 2020년 12월 1일 검색.
30 吉岡孝『八王子千人同心』, pp.23-24.
31 하치오지에 설치된 15개소의 숙(宿)

지역 나누시(名主)들과 소송을 벌였지만 받아들여지지 않았다.

[사료4]

하치오지15숙에 거주하는 센닌대사중(千人隊士衆: 센닌도신들)이 이정(里正: 쇼야)과 종문인별장에 성씨를 기재하는 것으로 논쟁이 일어나 결국 소송으로 이어졌다.

무릇 향리의 법은 매년 2월 이민(里民)의 종문인별(장)을 개정하여 장부를 작성한다. 이때 하치오지 15숙에 거주하는 센닌도신들이 성씨를 기입하여 이민과 식별하고자 하였다. 이정 등은 이를 인정하지 않았다. (후략)[32]

하치오지에 있는 센닌도신들이 정기적인 종문인별장 작성때 성씨(姓氏)를 기입하여 이민(농민)들과 구별하고자 하는 요구가 있었다. 이를 종문인별장 작성 담당자인 이정(쇼야=나누시)이 인정하지 않았다는 내용이다. 이러한 센닌도신들의 요구로부터 다음 두 가지를 유추해 볼 수 있다. 먼저 자신들을 이민들과 구별하고 싶어했다는 것이다. 성 기입 요구는 무사로서 인정받고 싶었다는 점이며 센닌도신이 당시 성을 기입하지 않는 등 무사로서 인식되지 않고 있었다는 점을 알 수 있다. 즉 이를 통해 현재의 농민 신분이 아닌 자신들이 행하는 역(役)에 맞는 무사의 신분을 취득하고 싶어했다는 점이다. 나머지는 이정들의 반대를 통해 같은 신분 내에서 구성원들

---

32 塩野適齋『桑都日記』, 卷之九下(国立古文書館蔵、請求番号140-290-13), 吉岡孝『八王子千人同心における身分越境』, p.55 재인용.

의 신분 상승에 대한 반대의견이 존재했다는 점이다. 이 점에 대한 지적은 아직 선행연구에서 지적하지 않았던 부분으로 센닌도신의 성 기입 요구는 먼저 무라안에서 무라 구성원들 사이에서 논쟁이 일어난 것으로 이러한 논쟁이 막부에 보고되어 막부의 불허결정이 내려졌다는 점이다. 이렇게 농민계층 안에서 논쟁이 있었다는 점은 계층내의 갈등을 엿볼 수 있는 부분이다. 계층내의 갈등은 결국 계층내에서 신분 상승이 인정되면 나머지는 그들에 의해 신분적 차별을 받게 된다는 심리가 내재되어 있었다는 점을 알 수 있다.

그러나 이러한 소송은 수개월 후 막부 다이칸 오기하라 노리히데(荻原乘秀)와 히노 고자에몬(日野小左衛門)이 나누시들에게 내린 문서를 통해 '지금까지 성(苗字)을 기입해 왔던 자는 지금까지와 같이 기입해도 좋지만 그렇지 않았던 자는 성의 기입을 허가하지 않는다'라는 막부의 결정이 전달된다[33]. 이러한 소송이 일어나게 되는 배경으로 요시오카는 다마군(多摩郡) 가미쿠누기다촌(上椚田村)에 사는 센닌도신 이시가와가(石川家)의 일기인 『이시카와일기(石川日記)』 1726년(享保11) 11월 11일조의 센닌가시라의 후레를 인용한다[34]. 센닌가시라의 후레는 '오늘 가시라로부터 도신들 묘지(名字)를 표기하라는 후레가 있었다. 향후 지방에도 묘지를 사용해야 합니다.'라는 내용이었다. 즉 센닌도신들의 성 기입 요구는 센닌가시라의 지시에 의한 것이라는 주장이다. 물론 이외에도 요시카와는 센닌가시라들이 센닌도신의 묘지 사용에 대하여 로주(老中)에게도 탄원서를 제출하지만 받

---

33 吉岡孝『八王子千人同心における身分越境』, p.58.
34 吉岡孝『八王子千人同心における身分越境』, p.56.

아들여지지 않았음을 증명하고 있다. 물론 센닌도신들의 움직임에 센닌가시라의 후레가 중요한 계기가 되었단 주장은 어느 정도 정합성이 있는 주장이라고 생각된다. 그러나 본고에서 문제시 하고자 하는 것은 그 당시 센닌도신의 신분이 백성인가 무사인가 보다는 무사의 역을 담당하고 있으면서 무사로서 인정받지 못하고 있었다는 점 즉 신분의 혼돈이다. 센닌도신에 대한 신분의 혼돈은 센닌도신 자신들 사이에서 뿐만 아니라 그들을 지휘하는 입장인 하타모토 신분인 센닌가시라 사이에서도 존재하였던 것을 알 수 있다는 것이다.

또한 센닌도신에 대한 막부의 모순된 대응은 1725년(享保10)년 발령된 법령에서도 찾아볼 수 있다. 이 법령은『御触書寛保集成』에 수록되어 있다[35].

[사료5]

고케닌 가운데 평정소(評定所) 상자(目安箱)에 문서를 넣는 자가 있습니다. 상자는 조닌(町人) 백성(百姓)의 호소를 위해 만들어진 것으로 고케닌으로 막부에 호소할 사항이 있다면 가시라들에게 호소하세요. 만일 가시라에 말하기 어려운 점이 있다면 메쓰케(御目付)에 제출해야 합니다. 평정소 상자에 넣는 것은 잘못된 것입니다. 이 뜻을 구미지배하에 전달해야합니다. 이상.

---

35 石井良助 外1人 編(1989)『御触書集成寛保集成』, 岩波書店, 문서번호 2584.

이케다 노보루(池田昇)는 이 후레를 야리부교였던 오가사와라 신구로(小笠原新九郎)가 센닌구미에 전달한 것을 근거로 센닌도신이 고케닌 신분으로 여겨지고 있다고 주장하는 반면 요시오카는 이 후레가 넓은 의미에서 막부에 봉사하는 사람들을 대상으로 한 것이기 때문에 센닌도신을 고케닌으로 취급하였다고는 볼 수 없다고 주장한다[36]. 그러나 이 후레에서도 알 수 있듯이 가시라 지배하의 사람들을 조닌·백성과 구분하고 있는 것은 확실하다. 즉 센닌구미 가시라 지배하의 센닌도신들을 조닌·백성과 구분된 인식을 막부도 가지고 있었다는 것이다. 이러한 인식하에서도 센닌도신의 무사 주장에 대하여 불허 방침을 일관되게 주장하는 것은 막부의 모순된 신분의식을 나타내는 것이다.

5. 맺음말

에도시대 무사의 직무인 경비 등 '무(武)'를 사용하는 역(役)을 수행했던 하치오지센닌도신은 막부로부터 백성 신분의 취급을 받았다. 담당하는 역과 신분이 일치하는 것이 에도시대의 신분제도의 특징이었다는 점을 감안하면 이례적인 사례이다. 물론 초기에 있어서도 막부는 센닌도신의 '성'을 인정하지 않는 등 무사로서 보다는 백성으로서 취급하였다. 종문개 등의 장부에 기재되어 있으면

36　吉岡孝 『八王子千人同心における身分越境』, p.56.

서 또한 이름만 기재하고 있었다는 것은 막부가 백성으로 취급하고 있었다는 증거이나 막부로부터 봉록을 부여받았다는 점은 무사의 신분으로 취급하고 있었다고도 생각해 볼 수 있다. 그러나 시대가 변화함에 따라 무사로서의 역을 수행할 수 없게 되면서 백성으로서 농업을 겸하는 센닌도신이 증가하였다는 점은 간과할 수 없는 점이기는 하다.

아미노의 '종문개 등의 장부에 이름을 올리고 있었지만 다른 직업을 가지고 있었던 사람들'이 존재하고 있었다는 점은 감안한다면 센닌도신이 종문개에 기재되어 있었지만 그 사실만으로 백성신분으로 간주할 수는 없는 것이다.

센닌도신들의 성 기입요구에 대해 종문개를 관리하였던 나누시 등 마을의 지도자는 이를 인정하지 않고 센닌도신의 '성' 기입 요구를 막부에 보고하였고 막부에서도 센닌도신이 해당 다이칸 지배임을 분명히 하며 성의 기입을 허가하지 않았다. 즉 센닌도신이 아미노의 주장에서도 볼 수 있듯이 와지마 지방의 경우와 같이 농민과 같이 취급되었지만 다른 생산수단을 가지고 있었고 이는 당시 하치오지숙(八王子宿)을 중심으로 주요도로 경비에 임하는 등 무사계급이 가지고 있었던 '武'라는 생산수단을 가지고 있으면서도 '무사'라는 신분을 인정받지 못하는 사실을 이시모다가 언급한 신분이 '정치적, 국가적 질서에 의해 고정된 계층적 질서'라는 점을 상기시켜준다. 즉 에도막부는 '무사'라는 신분을 고정시키기 위해 스스로가 만든 '병농분리'의 원칙을 임의대로 적용시켰다는 점을 알 수 있다. 또한 막부의 법령하달을 모은 『御触書寛保集成』에서도 알 수 있듯이 '메야스바코'가 조닌이나 백성들의 사용을 목적으로 만든 제도임을 상기시키며 가시라 지배에 있는 이들에게는 가시라를 통해 탄원을 제기하라는 지시를 한점, 이것이 센닌도신들에게 전달된 점은 센닌도신들의 '무사성'을 인정하였었다는 반증이었다. 그러나 '무사성'을 인정하면서도 백성 취급을 한 것은 신분이 이시모다가 말하는 '정치적, 국가적 질서'를 위하여 고정되었다는 주장을 뒷받침해 주는 것이고 이를 위해 막부는 모순된 법적용을 통해 그 질서를 유지하였다. 철저한 신분제 사회에서 각 구성원의 신분 변화는 그에 따른 신분 변화자에 대한 막부의 대우 변화, 구성원이 속한 시회내에서의 위계질서 변화 등 2차, 3차의 변화를 피할 수 없었기 때문이다. 즉 본고에서 소재로 다룬 센닌도신의 신분 문제는 센닌도신이 무사인가, 농민인가를 논하기 전에 에도막부 신분제도의 혼돈과 철저한 신분제 관철을 위한 모순성이 지적되어야 한다고 생각된다.

| 참고문헌 |

朝尾直弘(1992)『日本の近世 7 身分と格式』, 中央公論社.

石母田正(1973)『日本古代国家論』, 岩波書店.

網野善彦(2005)『日本の歴史をよみかえす(全)』, ちくま学芸文庫.

吉岡孝(2017)『八王子千人同心における身分越境』, 岩田書院.

_____(2002)『八王子千人同心』, 同成社.

戸谷敏之(1949)「近世に於ける武蔵国多摩郡の農民経営」『近世農業経営史論』, 日本評論社.

池田昇(1988)「寛政期の八王子千人同心」, 村上直 編,『江戸幕府八王子千人同心』, 雄山閣出版.

神立孝一(2000)「八王子千人同心」, 久留島浩 編,『シリーズ近世の身分的周縁一支配をささえる人々一』, 吉川弘文館.

八王子市教育委員会(1992)『八王子千人同心史 通史編』.

_____(1990)『八王子千人同心史 資料編Ⅰ』.

『徳川実紀』第一巻, 吉川弘文館, 1976

石井良助 外1人 編(1989)『御触書集成寛保集成』, 岩波書店.

高橋磌一(1936)「八王子千人同心について」『史学』第一五巻 二号.

開沼正(1999.8)「江戸の防衛と八王子」『通信教育部論集』2号, 創価大学通信教育部学会.

池田昇(1975.3)「八王子千人同心のえど火の番について」,『法政史学』第27号.

만주사변(滿洲事變) 직후
프롤레타리아 시인의 사상적 경향
마키무라 코(槇村浩)의 수감생활을 중심으로

박 상 도

1. 머리말

마키무라 코(槇村浩, 1912~1938)[1]는 프롤레타리아 문학사에서 빼놓을 수 없는 중요한 인물이다. 일본의 프롤레타리아 문학 중에서도 프롤레타리아 시에 국한해서 이야기할 때 1932년 무렵 일본의 프롤레타리아 문화연맹이 탄압을 받는 상황가운데서도, 국제적 연대

---

[1] 시인의 본명은 요시다 호도(吉田 豊道). 1931년 일본프롤레타리아 작가동맹 고지지부에서 활약을 시작했으며, 마키무라 코는 그의 필명. 이른 나이에 프롤레타리아 혁명의식에 기반한 반전, 노동운동에 참여했다. 일제의 탄압으로 투옥, 고문을 당했고 후유증으로 1938년 서거했다. 조선인의 입장에서 국제연대를 호소한 반전시 『간도빨치산의 노래(間島パルチザンの歌)』는 그의 대표작이다.

와 반전투쟁의 노선을 전개해 나간 프롤레타리아 시 운동의 대표적 성과물로 거론되는 작품에는 ≪일본프롤레타리아 시집. 1932년판(日本プロレタリア詩集, 1932年版)≫(日本プロレタリア作家同盟編, 1932年), ≪프롤레타리아 시집(プロレタリア詩集)≫(プロレタリア詩人会編, 1932年) 등이 있으며, 마키무라 코(槙村浩)≪살아있는 총가(生ける銃架)≫, 하시모토 세이치(橋本正一)≪중국 동지에게 손을 내밀다(中国の同志へ手をさしのべる)≫ 등도 바로 이 노선을 대표하는 작품이라 할 수 있다.[2] 하지만 일본의 시문학사에서 마키무라 코는 그다지 알려진 인물이라고 볼 수 없다. 우리에게는 「간도빨치산의 노래」(1932)의 대표시인으로 더 잘 알려져 있다. 순수한 어린 조선인 소년의 입장에서 일본제국을 비판하며 국제적 연대를 호소한 시인으로 말이다.

전후 잠시 잊혀진 적도 있었지만, 1963년 무렵부터 그를 추모하는 열기가 다시 뜨거워지기 시작했고 유지들에 의해서 고지시(高知市)에 그의 묘가 만들어지고, 1988년에는 그의 대표작 '간도빨치산의 노래(間島パルチザンの歌)'의 시비를 지역의 공유지로 옮겨서 대중들에게 널리 알리기도 했다. 그의 탄생 100주년이 되는 해는 중국 간도지역의 연변일대로 '마키무라 코를 기억하는 여행'을 비롯한 다양한 기획들이 전개되기도 하였다.[3] 하지만 그의 생애를 좀 더 깊이 생각해 보면, 여러모로 우리 민족에게 동질감을 느끼게 하는 면이 있다. 치안유지법 위반으로 투옥되어 고문을 받은 후, 그 후유증으

2　三好行雄 編(1978) 『日本文学全史 6 現代』, 学灯社, pp. 178-180 참조.
3　岡村啓佐(2018.12) 「槙村浩没後80周年記念講演会　槙村に学び、今を生きる」『詩人会議』, 東京: 詩人会議グループ, p. 91.

로 1938년 9월 3일 향년 26세의 나이로 이 세상을 떠난 그는 일본 제국주의의 탄압을 받고 치안유지법으로 죽었다는 점과 젊은 나이에 요절했다는 점 등이 한국의 시인 윤동주의 생애를 상기시키기도 한다. 이러한 측면에서 이 시인의 존재와 작품은 좀 더 활성화된 연구의 필요가 제기된다고 하겠다.

마키무라의 저작은 크게 '간도빨치산의 노래'로 대표되는 사상성과 문학성을 지니는 시와 미발표 논문으로 언급되는 '人文主義宣言'과 'アジアチッシェ・イデオロギー'등의 산문으로 분류된다. 이러한 그의 저작으로부터 우리는 국제적 연대정신과 제국주의 국민으로서 조선의 마음을 헤아리고 노래했던 시인의 자질과 감수성, 코뮤니즘과 코뮤니스트의 이론, 천황제에 항거하며 자신의 사상을 관철했던 정신 등 다양한 주제로 접근할 수 있다. 하지만 일본 국내에서도 그에 대한 지속적 관심과 연구는 부족한 실정이며, 국내에서도 앞서 언급한 「간도빨치산의 노래」에 대한 분석 소개의 정도에 그치고 있는 상황이다. 이에 본고에서는 만주사변을 전후하여 일본제국주의에 구속되어, 수감생활을 했던 시인의 생애와 작품에 초점을 맞추어 고찰해보고자 한다. 일반적으로 알려진 「간도빨치산의 노래」의 시인의 면모는 깊은 서정성과 함께 사상성을 겸비한 것이었다. 본고에서는 그의 강직한 사상의 면모를 수감 중에 집필한 두 작품 「餠の歌—全農の林延造氏に—」와 「同志古味峯次郎」를 중심으로 고찰해보고자 한다.

2. 마키무라 코의 성장, 수감

우선 시인의 성장기에 있었던 몇 편의 일화를 중심으로 시인의 자질됨을 언급해 보고자 한다. 1923년 4월 도사중학교 본과 1학년에 입학한 시인은 교실에 있기보다 도서관을 찾아 책을 읽는데 주로 시간을 보내는 소년이었다. 오가와 하루히사(小川晴久)는 「槇村浩小伝」에서 시인이 이 시절 "크게 사회적으로 성장했다"라고 평하고 있다.[4] 시인은 어린 시절부터 자신이 좋아하는 일을 하는데 있어서, 제도권의 틀을 벗어나는 것을 두려워하지 않았던 사람이었다. 1927년 15세 가이난 중학교(海南中学校) 2학년 당시는 사회주의 운동이 조금씩 고양되어가던 시기였다. 고지에서도 의식 있는 이들이 이 운동에 동참하고 있었다. 이런 분위기 가운데 고치의 고등학교에서는 군사교련반대 운동이 일어났고 이와 관련해서 검거되는 이도 생기던 때였다. 시인이 다닌 현립 가이난 중학교(県立海南中学校) 정문에는 천황의 초상이 걸려 있어서 학생들은 등교하면서 천황초상화 앞에서 반드시 경례를 해야 했다. 시인은 이에 동조하지 않고, 뒷문으로 학교를 들어갔을 뿐 아니라 천황이라고 부르는 대신 "히

---

4 小川晴久(1988) 「槇村浩小伝」 『アジアチッシエ・イデオロギーと現代 槇村浩との対話』, 凱風社, p.25. 후일 투옥된 후 자신의 이 시기를 회고하며 쓴 ≪青春≫이라고 하는 시 가운데서 시인은 "휴머니즘"과 "사회적 정의"를 자각한 시기로 돌아보고 있다. 시의 내용 중 한 부분을 인용한다. (전략) 이 기간의 그리운 친구들을 나는 영구히 잊지 못한다/ 낮은 철책과 석남 가로수 사이에서/왠지 친구 그리워서 나누었던 애정은/휴머니즘의 흥분에 타올라 찾아 다녔던 "정의"는/결코 잊을 수 없는 것이다/ 아아! 나의 작은 비밀결사 <공산주의유년동맹>/그것은 옷나무와 쌀가루 사이를 지나가는 은빛의 투명한 광맥 가운데서 자신을 적시며/끝없이 몸속에 맥박치는 만추의 냄새를 맡았을 때, 태어난 것인데,

로히토"라는 천황의 이름을 부르는 것으로 당시의 국가체제에 반항했다고 한다. 그러던 중 1929년 가을 4학년 때 "학생과 군대의 합동추계대연습(学生と軍隊の合同秋季大演習)"에 반대하는 행동의 일환으로 학급원 모두가 군사교련의 필기시험 답안을 백지로 내도록 하는데 주도적 역할을 하게 된다.[5] 이 사건으로 시인은 1930년 4월 이 학교에서 퇴학처분을 받는다.[6] 이후 어머니의 권고와 그를 아끼는 데라이시 마사미치(寺石正路)선생님의 도움으로 오카야마 시(岡山市)의 간제이중학교(関西中学)로 옮겨서 재적하다 겨우 졸업을 하게 된다. 1931년 3월 19세의 나이로 217명 중 98번째로 간제이중학교를 졸업한 시인은 명석했지만 사회주의 혁명사상에 심취되어 성실히 학업에 임하지 못했던 것으로 보인다. 하지만 이곳에서의 1년 동안 그는 마르크스주의의 이론적 기초를 놓았다. 이 당시의 그의 삶에 대해서 그가 직접 쓴 자필 연보에는 다음과 같이 기록되어 있다.

---

5 군사교련과목은 1927년부터 정식과목으로 채택된 이래, 전국적인 반대운동이 있었다. 다음해 1928년 봄에는 고지고교에서 반대운동으로 검거된 이가 있었는데, 시인은 이러한 운동의 흐름을 이어받았던 것으로 보인다. 2개 학급 70여 명에 이르는 학생들을 모두 설득시켜서 백지 답안을 내도록 한 것이다. (小川晴久, 상게서, p.34 참조)

6 시인이 퇴학처분을 받은 이 시기는 그 지역의 고지(高知)공산당 사건이 발생한 시기와 우연히 일치한다. 고지공산당 사건이란 고지고등학생과 졸업생들이 검거된 사건인데, 좌익의 반정부 활동이었다. 고지에서의 마르크스주의적 좌익운동이 전개된 것은 1928년 가을 무렵부터였는데, 이들은 군사교련반대의 학원스트라이커를 지도하거나, 전협(일본노동조합전국협의회), 반제동맹, 몹플(MOPR) 등의 조직 활동을 하거나, 잡지 ≪戦旗≫의 배급망을 만들어서, 배급하기도 했다. 이 운동은 1930년 4월 23일 일제히 검거됨으로 거의 해체수준의 타격을 받았지만 상당한 규모의 조직 활동을 지속했던 것으로 알려져 있다. 시인은 이러한 분위기 가운데 불가피하게 퇴학조치를 받은 것으로 보인다. 2년 후 시인은 이들이 가입했던 작가동맹에 가입하게 된다.

　　15세 때 군사교련에 반대한 사건으로 인해 학교에 다닐 수 없게 되
고, 이후 부르조아 사회에 흥미를 갖지 않게 됨. 독학으로 동서의 고
전철학을 전공함. 구레하라 고레히토의 논문에 감동을 받고, 결국 프
롤레타리아 정치=경제= 문화 운동에 힘씀[7]

　시인의 프롤레타리아 문학에서 서정과 역사성을 통합할 수 있었
던 것은, 문학서적을 애독하고 이러한 소양을 기반으로 하여 정치
와 경제, 그리고 문화를 통합적으로 파악하여 실천하려고 하는 의
지를 지니고 있었기 때문이다. 그리고 시인은 이 시절 ≪戦旗≫의
독자이기도 했다. 당시의 사회주의운동에 관심 있는 젊은이들에게
있어서 ≪戦旗≫의 독자라고 하는 것은 하나의 신용장과도 같은 것
이었고, 나아가 행동으로 옮기는 학생들은 반제국주의 동맹의 하
부조직에 참가하기도 하는 시절이었다.[8] 중학교 졸업 후 고지로 돌
아오게 된 시인은 작가동맹 고지 지부 결성에 주도적으로 참여하
게 된다.

　이후 시인은 1932년 4월 21일 고지시(高知市)의 자택에서 치안유
지법 위반 혐의로 검거되었다. 당시는 1929년의 세계경제대공황
이후 혼란한 일본 국내의 상황을, 중국침략을 통해 해결하려는 움
직임이 있던 시대였다. 만주사변(1931) 이후 국내의 반체제인사에
대한 검거도 강화되어 1931년부터 33년에 걸쳐 치안유지법 위반
혐의로 검거된 자의 수는 약 4만 명에 이른다. 그리고 1932년에는

7　宮崎清(1979)『詩人の抵抗と青春』, 新日本選書, p.46 재인용.
8　宮崎清(1979), 상게서, p.43.

나프를 흡수하면서 성립된 일본프롤레타리아 문화연맹이 탄압을 받고, 조직은 큰 타격을 받기에 이르렀다.[9] 작가동맹의 회원이기도 했던 시인은 이러한 시대적 풍파를 피해갈 수는 없는 것이었다.[10]

시인이 적용받은 치안유지법이란 구체적으로 육군보병 44연대와 고지시내에 반전 삐라의 내용물을 집필했다는 것이었다. 당시 일본정부는 만주사변을 확대해가기 위해 일본 주둔 병력을 만주에 파견하고자 하였고, 고지시내에 주둔하고 있었던 육군보병 44연대 또한 그 대상이었다. 시인이 보기에 만주사변은 제국주의 일본이 수행하는 폭력이었고 용인할 수 없는 것이었다. 그래서 직접 파병 반대를 외치고, 파병당하는 병사들을 주인공으로 한 시 ≪生ける銃架≫를 쓰기도 했다.[11] 검거 후 고지현의 다카오카 경찰서(高岡署)로 연행되어 고문을 받았으며, 이후 고지지방재판소 형사부에서 재판을 받게 된다. 그리고 검거 이듬해인 1933년 4월 28일 판결이 내려

---

9 1931년 9월 만주사변 이래로 군국주의가 가속화되어 가는 가운데 문화연맹은 탄압을 받으면서 기관지도 발행이 중지된다. 1932년 3월에서 4월에 걸쳐서는 문화운동자체가 치안유지법에 저촉되게 되고, 이 가운데 구레하라 고레히토, 나카노 시게하루, 등이 검거되었으며, 결국 1933년 2월 고바야시 다키지는 감옥에서 죽게 되고 1934년에 이르러 작가동맹은 해산, 문화연맹의 활동도 중지에 이르게 된다.

10 당시의 고지(高知)지방에서의 프롤레타리아 운동의 탄압은 1932년 2월 이후로 육군보병 제44단연대의 상해출병반대운동 관계자, 일본공산청년동맹지구, 일본노동조합전국협의회 고지지부, 일본프롤레타리아 작가동맹 고지지부의 멤버들에게 가해지고 있었다.(藤原義一(2018)『槇村浩が歌っている』, 飛鳥出版室, p.258 참조)

11 그가 남긴「生ける銃架」(1932.2)라는 작품은 만주출병에 반대하는 의향으로 만들어진 작품이다. 출병하는 병사들의 심정을 헤아리며 그들이 수행하고 있는 전쟁이 정의로운 전쟁이 아니니 그 병사의 역할을 수행하는 것은 타당하지 않다는 논리를 서정성 풍부한 기법으로 그리고 있다.

지는데 같이 체포된 노부기요 유큐(信淸悠久)와 고마쓰 마스키(小松益喜)는 징역 2년을 시인 본인은 징역 3년형을 언도받는다. 그리고 3명 모두 고지형무소로 들어가게 되고, 1934년 황태자탄생으로 2년 3개월로 감형을 받는다. 1935년 6월 출소 때까지 시인은 수감생활 중, 진정성 있는 자신의 사상이 담긴 많은 작품들을 만들어 낸다.

3. 시인의 인간성과 저항정신 -「떡의 노래」

1932년 4월 공산주의청년동맹의 멤버로 활약하던 마키무라는 체포된 이후, 7개월간 구치소 생활을 하였다. 고지시로부터 15킬로 떨어져있었던 다카오카(高岡)구치소에 수감되어 고문을 당하며 힘든 시기를 보내었다. 이때 동지들이 떡을 차입해서 주었는데, 차입해준 동지는 소작쟁의가 있는 곳에 항상 선두에 서서 투쟁했던 하야시 엔조(林延造)라고 하는 사람이었다. 이에 대해 마키무라는「餅の歌ー全農の林延造氏にー」(1935.8.31)라고 하는 작품을 남기고 있다.

떡이라고 하는 것이/정말로/어릴 적 남쪽 교외의 일구어진 들판의 추억과 같이/달콤한 것이구나! 다카오카에서/ 나 홀로/두드려보아도/ 뒤편 늪지 가득한 공허한 울림밖에 돌아오지 않았다/구치소 안에서/ 나는 가만히 생 우동 껍질을 벗기며/그렇게 생각했다/그것은 푸른 모기장이 비온 후의 달콤새콤한 냄새를 풍기며/차입된 풍령(風鈴)과 함

께 육중하게 흔들리고 있을 때였다 [12]

하야시 엔조의 마음이 담긴 떡을 먹은 것은 그의 기억에 '달콤한 것'으로 각인된 것이었다. 비록 그가 처한 상황이 열악하고 '공허' 한 내면을 부여안고 힘들어 할 수밖에 없는 처지였지만 말이다. 그가 기억하는 하야시 엔조라고 하는 인물은 '키가 작으며' '긴 머리에 항상 화난듯한 표정을 짓고 있는' 그러면서도 '붙임성 있는' '서른을 갓 넘긴 순수한 전농(全農)출신의 노동자'였으며, '일본화학(日本化學)노동조합원'이면서도 '전국회의전농고지현(高知縣)연합'의 개척자와 같은 역할을 수행한 '동지'라고 하는 것을 알 수 있다. 마키무라는 비교적 세세하게 하야시의 면모를 기억하면서 그가 얼마나 신뢰받던 인물이었는가를 노래하고 있다.

그는/ 쟁의가 불리해지고/ 난장판 된 개똥지빠귀의 둥지처럼/조직이 흩어졌을 때도/ 조합의 상임으로 좌절하지 않았으며/ 거센 폭풍우의 환경가운데서도/ 솔방울처럼 흩어진 부락의 농민들을 위한/신뢰하고 의논할 수 있는 상대였으며 [13]

---

12 餠とは/何と/鋤き返された幼い南の郊外の野の思い出のように/甘いものだろう！/高岡の/ひとりぼっちの/叩き廻っても後の沼地一ぱいがらんどうな響きしかはね返してこぬ/豚箱の中で/僕はしみじみと生のうどんの皮をひっぺかしながら/そう思った/それは/青い蚊帖が雨上りの甘酸っぱい臭いをたてながら/差入れの風鈴と一しよにゆさ／＼揺れていた時だった!(槇村浩(1964)『間島パルチザンの歌―槇村浩詩集―』, 新日本出版社, p.114 이하 텍스트의 인용은 본자료에 의한 것임)
13 彼は/爭議が不利になり/引きぬかれた百舌の巣のように/組織がめちゃめちゃにふみあらされた時も/沮喪せぬ組合常任であることができ/嵐と、土砂ぶりの天候の下で/まつかさのように散らばった部落々々の貧農の/信頼された相談相手であることができ, 이어지

당시의 의식 있는 젊은 청년을 격려하는 하야시에게서 건네받은 이 떡은 '꿀꺽하면서 목젖을 울리면서 먹는' '아주 맛있는 것'이었다. 하지만 지금까지의 '맛있는 떡'에 대한 위의 표현은 마키무라의 문학적 상상력과 깊은 감수성에 의해서 제작된 것이었다. 실제로 이 떡은 하야시가 준 것이 아니라, 일본정부로부터 황태자 탄생을 기념하여 전국의 수형자들에게 특사조치가 취해지면서 하사된 것이었다. 1933년 12월 23일에 황태자가 태어나고 이듬해 1934년 2월 11일에 5만 명의 수형자들에게 감형의 특사조치가 취해지고, 마키무라에게는 감형 8개월이 정해진 것이었다. 일본정부에게 감사하라고 주어진 떡에 대해서 마키무라는 이전의 하야시의 추억을 떠올리며, 오히려 일본정부를 비꼬는 역설적 저항시를 완성한 것이었다. 이 부분에 대해 시인은 다음과 같이 묘사하고 있다.

이 나라에/ 한 명의/아이가/태어났다./ 만주제 통조림 바닥에서 추운양 울고 있는 아들들의 뼈와/ 소중한 딸들의 고기로 바꾸어 만든/ 붉은 흙 섞인 풀과, 옥수수와 찬밥을 먹는 농민과/최대의 안전을 가지고 흑자자본을 이룩한, 황량한/감옥의 방이 있는/이 황제 국가에/ 온 얼굴에/고름과/뾰루지 투성이인/아이가 태어났다. [14]

<hr>

는 표현에서 하야시 엔조가 당시의 의식있는 젊은 청년들에게 얼마나 신뢰받고 있었으며 또한 구치소에 억류된 자들을 격려하고 있었는지가 그려지고 있다. "그는 소년들의 발랄함과 넘쳐나는 힘과 문화를 사랑했다/바람처럼/그는 조금 큰 파이오니아들이 있는/여러 구치소에 모습을 드러냈다(彼は少年らのはつらつさと、彼等の伸びようとする意力と文化とを愛した/風のように/彼はもうちょっとばかし大きいピオニールたちの/豚箱から豚箱に現われた)

14 この国に/ひとりの/赤ん坊が/生れた！/満州製の罐詰の底で寒そうに鳴る息子らの骨と/

황태자가 탄생한 것이 제국일본으로서는 기쁜 일이겠지만, 그 실상은 많은 양민의 희생에 기반한 것이었음을 말하고 있다. 이국 만주 땅에서 제국일본을 위해 싸우다가 전사한 어느 농촌의 아들들, 국내에서는 극도로 가난한 농촌의 피폐함 가운데 자신의 몸을 팔수밖에 없었던 어느 평범한 가정집의 딸들, 이들이 죽어가는 처참한 실상가운데 한 생명이 탄생한 것이다. 마키무라는 이 아이를 여느 집의 아이처럼 소중하게 볼 수가 없었다. 제국 일본이 수행한 자본주의의 폐해로 태어난 이 아이는 '고름'과 '뾰루지 투성이'의 끔찍한 얼굴의 아이로 비난받아야 했던 것이다. 이러한 아이가 태어났다고 해서 받아먹는 떡이 얼마나 맛있을까? 하지만 같은 떡이라도 자신의 동지 하야시에게서 받은 떡은 그 의미가 다른 것이었다.

나는/떡을 손끝으로 이리저리 돌려보며/ 우리들 노동의 말단에 있는 자들이, 온 얼굴에 뾰루지 투성이의 아기 이름으로 고맙게 하사된 이 물건을 씁쓸한 표정으로 응시했다/ 순간- 홍 백 위로/ 얼굴과 함께 / 동지 하야시의 넉살좋은 모습이 떠올랐다 [15]

제국주의와 자본의 횡포에 희생되어 가는 양민의 희생은 아랑곳

かけがえのない娘たちの肉にまでかえて料った/赤土まじりの草と、きびとひえの飯まで食わされる百姓と/最大の安全をもつ黒字資本をおろした、吹きっさらしの/監獄部屋のある/このツアー国家に/顔中/うみ汁と吹き出ものだらけの/赤ん坊が生まれた!

15 僕は/餅をひねりまわし/僕らの労働のはしっくれが、顔中吹き出ものだらけの赤ん坊の名で、有難く却下されてきたのを苦い顔で凝視した/瞬間——紅白の上に/顔と一しょに/同志林の愛想のいいふてぶてしさが立ち上がってきた

하지 않고, 권력자의 아이로 태어난 황태자를 축하하고, 또 큰 인심을 써서 8개월이라고 하는 감형을 준 이 떡은 그 실체로만 놓고 보면 마키무라에게 거부감을 불러일으키는 것이었다. '씁쓸한 표정'으로 응시할 수밖에 없는 것이었다. 하지만 그 '떡'이라고 하는 것에 간직되어 있는 동지 하야시를 기억했을 때 그는 이 떡을 비로소 삼킬 수가 있었던 것이다. 하지만 그의 목구멍을 타고 넘어간 이 떡이 그의 위에서 쉽게 소화될 리는 없는 것이었다.

　　나는 오랜만에 모래 묻은 떡을 삼켰다/하지만 뾰루지 투성이 갓난애 같은 이런 것을 먹을 수는 없는 것이다/ 위축된 위장이 곧바로 쌀찌꺼기를 밀어내었다./황제의 은택은/ 단순한 우리들 자신의 한 줌의 땀의 변형으로 만들어진 식량조차도, 우리들의 소화세포로부터 거절되었다/ [16]

　　하야시의 따스한 '격려'의 상징이었던 이 '떡'에서 하야시의 기억이 자취를 감추게 되었을 때 이 '떡'의 실체가 의미하는 현실적 인식을 하게 된 것이다. 그리고 시인은 이 '떡'이 왜 그렇게 맛이 없는 지를 말하며 다음과 같이 끝맺고 있다.

　　고름과/뾰루지 투성이 아이는/ 어린 시절 남쪽 교외 들판의 추억을

16　僕は久しぶりで砂利だらけの餅を嚼み下した/だが、吹き出ものだらけの赤ん坊同様こんなものは食えるものではないのだ！/搾り上げられた胃の腑がすぐと米粕を突き上げてきた/ツアーの「恩典」は/単なる僕ら自身の一握りの汗の変形としての食糧をさえ、僕らの消化細胞から拒否し去った

혼탁하게 하고/ 모든 먹는 것을 먹지 못하게 하는 것일까/ 아! 떡이라고 하는 것이 이렇게 맛없을 수는 없을 것이다.[17]

이 시의 초반부터 계속해서 등장하는 '고름'과 '뾰루지 투성이의 아이'는 천황제 일본제국주의를 직접적으로 가리키고 있음을 알 수 있다. 아름다운 추억이 서려있는 '어린 시절 남쪽 교외 들판의 추억'을 '혼탁'하게 만들어 버린 그러한 원망과 울분이 시인의 가슴 깊은 곳에 자리 잡고 있는 것을 알게 된다. 시인이 「간도 빨치산의 노래」에서 그토록 애절하게 잃어버린 조선의 고향을 그리게 된 것도 이러한 깊은 상실감에 기인한 것이 아니었을까?[18] 원래는 달고 맛있어야 할 '떡'을 완전히 맛없는 것으로 시인은 바꾸어 버렸다. 이 마지막 부분은 시인이 천황제를 강력하게 거부하고 있을 뿐 아니라 왜 거부할 수밖에 없는지에 대한 근거까지도 제시하고 있다. 이 시의 앞부분에서 시인은 '떡'을 통해 동지 하야시를 연상시키면서, 그가 지향하고 실현하고자 하는 바람직한 인간상을 제시하였다. 그리고 후반부에서 동일한 그 '떡'에서 천황제와 제국주의

---

17 うみ汁と/吹き出ものだらけの赤ん坊は/幼い南の郊外の野の思い出を混濁し/何とすべてのものを食えなくすることだろう/おお、餅とはめったにこんなにまずいものではないのだ！

18 시인은 「간도 빨치산의 노래(間島パルチザンの歌)」에서 일제에 의해 자신의 고향과 모든 것을 상실한 한 소년을 등장시키며, 잃어버린 그리운 고향에 대해 다음과 같이 첫 장면에서 묘사하고 있다. "추억은 나를 고향으로 이끈다/ 백두의 고개를 넘어 낙엽송 숲을 지나/ 갈대 뿌리 검게 얼어붙는 늪지 저편/ 빨간 대지에 검은 빛 작은 오두막이 이어지는 곳/ 고려 꿩이 계곡에서 우는 함경의 마을이여 (思ひ出はおれを故郷へ運ぶ/白頭の嶺を越え、落葉松の林を越え/蘆の根の黒く凍る沼のかなた/赭ちゃけた地肌に黝ずんだ小舎の続くところ/高麗雉子が谷に啼く咸鏡の村よ)"

에 의해 희생당하는 비참한 인간상을 대비시켜 제시하였다.[19] 이러한 대비와 적대관계를 능숙하게 표현함으로 황량하고 고달픈 수감생활 속에서 시인이 어떻게 자신의 주체적 정신을 관철시켜 나갔는지에 대해 나타내고 있는 것이다.

4. 비전향의 의지 – 죽음의 서약

옥중 구상을 통해 제작한 장편시 「바이런 하이네 – 옥중의 한 단상(バイロン・ハイネ─獄中の一斷想)」 또한 시인의 주체적 의지를 확인할 수 있는 작품이다. 18세기의 대표적 서구 시인이었던 바이런과 하이네가 망령이 되어 나타나 시인과 대화를 한다고 하는 구성으로 전개되는 이 작품에서 시인은 가장 마지막 부분에서 "나는 동지와 어머니의 편지를 옆에 놓고/ 두둑 바닥에 펜소리를 내며/'몸을 굽히지 않고, 뜻을 더럽히지 않는다'라고 썼다/ 이는 둘의 그림자가 어느새 자취를 감추고 나서/ 죽음의 감옥이 우리들에게 삶을 가져오기까지 내가 새겨 넣은 기록이었다"[20]라고 했다. 이는 그의 비전향의 이유를 짐작하게 하는 그의 의지의 표현이었다. 실제로 그는 이러한 비전향을 고집한 것으로 인해 말로 할 수 없는 고통을 받지 않을

---

19 小川晴久(1985) 「槇村浩と共和主義思想―その天皇制峻拒の精神―」『科学と思想』, 新日本出版者, p.71.
20 僕は同志と、母の手紙に並べて/ガリガリのペンで/「不降身、不辱志」と書いた/これは二つの影がいつか消えてから/死の牢獄が僕らに生をもたらすまでの僕の刻んだ記録だった

수 없었다. 시인이 고지 형무소를 출소한 것은 23세가 되던 1935년 6월 6일이었는데, 직접 쓴 자필연보「약력과 감상(略歷と感想)」[21]에서는 '옥중 절대비전향동맹을 맺고 동지들과 협력'했다는 내용과 함께 비전향의 의지를 관철시킴으로 인해 '4년 만에 옥중에서 당한 폭력으로 거의 빈사상태로 출옥'했음도 적고 있다.

전후 간행된『간도빨치산의 노래』권말 연보 33년에 해당하는 항목에는 "비전향을 이유로 3년형에 처해지다. 옥중에서 단식투쟁과 다른 투쟁을 실시하다. 그리고 심한 고문, 학대를 받고 '조울병' '구금성 식도협착병'에 걸리다. 여전히 비전향으로 있다"라고 되어있다.[22] 구금성 식도협착병이란 음식물을 소화시킬 수 없을 정도로 식도의 형태가 변형되는 병으로 감옥에서 잘 걸리는 병중의 하나라고 한다. 그는 불면증에다가 이러한 병을 가진 채로 옥중생활을 이어가야 했고, 그가 출소 했을 때에는 이미 거의 건강을 잃어버린 상태였다. 그의 일대기를 그린『인간의 뼈』를 보면 그의 얼굴은 '이상한 형태'를 한 채 '멍한 눈동자를 향한 채'로 자신을 부르는 어머니와 친척들을 바라보기만 하는 장면이 그려지고 있다.[23] 그는 결국 비전향의 이유로 자신의 생을 마감하기에 이르게 된 것이다.

---

21 해당 내용은 다음과 같다. "1932년 봄 검거되어, 우연한 인연으로 옥중에서도 어머니와 같이 섬유공으로 일을 하다. 옥중 절대비전향동맹을 맺고, 동지들과 협력해서 감방에서 만들어진, 공산당 기초조직 관련 일에 종사하다. 이 기간 많은 동지들의 강력한 격려와 위문을 받고, 아주 기뻤다. 4년 만에 옥중에서 당한 폭력으로 인해 거의 빈사상태로 출옥....."

22 槇村浩(1964)「槇村浩の年譜」『間島パルチザンの歌―槇村浩詩集―』, 新日本出版社, p.200.

23 土佐文雄(1983)『人間の骨―詩人・槇村浩の波乱の生涯』, リヨン社, p.210.

그러면 조금 더 그의 감옥 생활의 모습을 들여다보도록 하자. 특고경찰에게 검거되고 고문당한 그의 동지 고미 미네지로(古味峯次郎)를 기억하는 시 「同志古味峯次郎」(1935.9.20.)는 시인 자신을 포함하여 치안유지법 위반으로 체포당하고 시련가운데 있었던 많은 동지들의 어려운 상황을 잘 묘사하고 있다.

모든 고문과 모든 야만적인 행위가 이루어졌다/죽음의 고문장이라 불리는 고지와 다카오카 경찰서 계단위에서/관헌은/여럿에게 거의 치명상을 입히고/두 사람의 유능한 노동자의 목숨을 앗아갔다/그들은 쓰러졌다－동지 고미는 그것을 목격했다/가사와 열병과 같은 쇠약함이 그를 감옥으로 데려갔다/그것은 기적이었다/죽음의 서약 가운데서 그는 견디고/ 지키고 살아냈다/그는 노끈이 조여 들어 자국 난 팔을 문지르며/ 어두운 밀 방에 누워/새로운 임무와 분리된 조직에 대해서 생각했다.[24]

체포당하는 장면을 현실감 있게 그리면서도 시련의 순간에서 그들이 지닌 뜻을 포기하지 않고 '죽음의 서약'을 했다는 것은 죽음

---

24 ありとあらゆる拷問が、あらゆる野蛮な形式で行われた/死の拷問場と呼ばれた高知と高岡署の階上で/官憲は/数人にほとんど致命傷を負わせ/二人の有能な労働者の命を奪い去った/彼等は斃れた―同志古味はそれをまのあたりに見た/仮死と、熱病のような衰弱が彼を牢獄へ運び去った/それは奇蹟だった/死の誓約の中で、彼は耐え/守り、そして生きていた/彼は麻縄の食いこみ、みゝずばれのした腕をさすりながら/暗い密房に寝転び/新しい任務と、切り離された組織とについて考えた(槇村浩(1964)「同志古味峯次郎」槇村浩の年譜『間島パルチザンの歌—槇村浩詩集－』, 新日本出版社, p.105)

으로서 혁명의지를 관철하겠다는 표현이다. '모든 고문과 모든 야만적인 행위'가운데서도 이에 굴하지 않고 '새로운 임무와 분리된 조직'을 생각했다고 하는 것은 동지 고미 미네지로를 칭송하는 것이기도 하지만, 마키무라 시인 자신이 행한 감옥 속에서의 행위를 그대로 보여주는 것이기도 하다.

시인은 체포되어 동지 세 명과 같이 공판을 받았는데 시인 혼자만 실형을 선고받았다고 한다. 시인은 감옥에 들어가면서 자신의 운명이 이 감옥에서 다 할 수 있음을 직감하고 목숨을 건 각오로 수감생활을 했다고 하는 것을 짐작할 수 있다. "빛을 이어온 동지들에게/꽃은 피고 향긋한 봄이 오지만/나는 감옥에서 져야만 하나/ 운명에 미소 지으며 당신을 생각한다. 그 시간은 우리들에게 고달팠다."[25]이라고 감옥에서 노래했을 때 그는 이미 결국 지고야 마는 자신의 운명을 어느 정도 예감하고 있었던 것을 보게 된다.

5. 전향 – 32년 테제의 부정

하지만 이러한 의지를 견고히 지키는 것은 쉬운 일이 아니었다. 여기서 잠시 당시의 프롤레타리아 문학의 박해와 해체에 영향을 준 일련의 사건을 짚어보도록 하자. 시인의 옥중 생활 중이던 1933년 6월 10일 각 신문매체는 '공산당의 양거두' 사노 마나부(佐野学)와

25　光を嗣来し同志らに/花さき匂う青春くれど/我は獄に朽つるべき/さだめに笑みて君を思う時はわれらに辛かりき(「青春」献じる詞(牢獄にて) 槇村浩, 전게서, p.50)

나베야마 사다치카(鍋山貞親)의 사상전향을 보도한다. 이 둘은 프롤
레타리아 운동의 정신적 지주와도 같은 리더들이었다. 배부된 <별
지요강(別紙要綱)>에는 사노와 나베야마가 전향을 하게 된 이유에 대
해 여덟 개의 항목에 걸쳐서 적혀있다. 말미의 부기 아래편에는 이
치가야 형무소(市ヶ谷刑務所)의 사노마사부와 나베야마 사다치카의 이
름이 분명히 적혀 있었다.[26] 코민테른과 일본공산당의 근본적인 잘
못을 지적하고, 일본의 중국군벌과 미국에 대한 전쟁 및 일본의 군
주제를 시인하였으며, 나아가, 코민테른으로부터 분리된 새로운
프롤레타리아 전위의 결성, 일국사회주의 건설 및 일본, 만주, 조
선, 대만을 잇는 대사회주의국가의 성립을 주장하였다. 「공동피고
동지에 고하는 글(共同被告同志に告ぐる書)」라는 제목의 성명서 부록은 6월
13일 이치가야 형무소의 공동피고 180여명에게 배포되고, 이 내용
은 전국의 형무소에 있는 공산당피고 600여명에게도 전달[27]되었
다. 전국의 수감자들에게 영향을 준 이 성명서 부록은 코민테른이
일본의 특수성을 이해하지 못하고 있다고 비판하고 있으며 특히
코민테른이 정한 '32년 테제'의 내용 중, 사회주의 혁명전에 천황

---

26 http://www.lib.kobe-u.ac.jp/das/jsp/ja/ContentViewM.jsp?METAID=10071
012&TYPE=IMAGE_FILE&POS=1(검색일: 2021.6.30)

27 小山弘健(1967)『日本マルクス主義史槪説』, 芳賀書店, p.233. 두 사람의 「공동피
고동지에 고하는 글(共同被告同志に告ぐる書)」에 대한 감옥 내에서의 파급력은
남달랐다. 같은 간부급의 3명이 동조하고, 각자의 단독성명서를 7월 6일 발송
했다. 모두 코민테른과 일본공산당의 잘못을 지적하고 코민테른으로부터 분리
된 새조직과 새로운 방침을 지향했다. 이후 사법성에서 전국형무소를 조사한
결과, 7월말 현재, 수용자중 미결전원 1370명 중 전향 415명(30.30%) 기결(수
형자)전원 372명중 전향 133명(35.7%)에 이르렀다고 보도했다. 1926년 당 창
립 이후 각 시기 최고 간부는 거의 전원이 전향하게 되었다.(小山弘健, 상게서,
p.234)

제 폐지를 위한 부르주아 혁명에 전념해야 한다고 하는 내용을 반박하고 있었다. 그런데 이러한 '32년 테제'의 내용은 마키무라 시인이 그 원고를 보고 감동할 정도로 그의 사상에 깊은 영향을 준 것이었다.[28] '32년 테제'는 일본권력체계를 절대주의적 천황제, 지주적 토지사유, 그리고 독점자본주의로 보고 있었는데 이 세 가지 지배세력이 서로 결합된 가운데 정점에 있는 것이 천황제라고 보는 입장이었다. 그래서 혁명을 위해서는 먼저 절대주의적 천황제를 타도하기 위한 '부르주아 민주주의 혁명'을 거쳐 '프롤레타리아 혁명'에 이르러야 한다고 보았다.

---

28 '32년 테제'란 1932년 코민테른에서 결정된 '일본에 있어서의 정세와 일본공산당의 임무에 관하'를 통칭하며 부르는 개념이다. 1931년 9월부터 개시된 일본군부의 만주에 대한 무력진출과 그 확대에 따라, 소련 및 코민테른 중앙집행부는 새롭게 일본문제에 집중하고 있었다. 새로운 세계전쟁의 발화점, 세계정국의 중심이 된 일본의 정세와 내부관계에 대해서, 철저하게 검토하고 이에 대한 성과를 집약하여 1932년 5월에 발표한 것이 바로 '일본에 있어서의 정세와 일본공산당 임무에 관한 테제(日本における情勢と日本共産党の任務に関するテーゼ)', 즉 '32년 테제'였다. '32년 테제'의 기초적 뼈대를 형상한 사람은 오토 쿠시넨이라고 하는 사람인데 그는 일본자본주의(제국주의)에 대해서 최신의 완전한 형태에 들어맞지 않는 형태의 것으로 보고 있었다. 일본을 지배하는 제국주의자는 자본주의적 투기자와 아시아적 봉건적 약탈자로 구성된 '일본의 독특한 혼합물'로 인식하고 있었다. 좀 더 구체적으로 말하면, 일본사회의 본질적 특징을 천황제를 제1구성요소로 하는 일본의 권력체계(지배체계)로 전제한 뒤, 그 권력체계의 내용을 구성하는 것으로 절대주의적 천황제, 지주적 토지사유, 그리고 독점자본주의를 들고 있다. 쿠시넨은 천황제의 특징적 요소가 바로 '절대주의적 국가기구'인 점을 들고 있다. 절대주의적 국가기구는 당시 존재하는 착취자 계급의 독재에 대한 강력한 기틀로 작용하고 있으며, 또한 이 기구는 이들 계급에 의존하고 있으며, 이들 계급의 이익을 대표하기도 한다고 말한다. 부르주아 및 지주의 상층부분과 밀접한 블록가운데 있다고도 한다. 동시에 이 기구는 독자적으로 비교적 큰 역할이 있는데, 형식주의적인 거짓 의회주의적 형태에 의해서 은폐되어 있다고 꼬집기도 한다. 그러므로 이 테제의 기본개념에는 천황절대주의의 문제점이 그 중심 내용인 것이다.(小山弘健, 전게서, p.150 참조)

　　사회주의 달성을 주요목표로 하는 일본공산당은 오늘날의 일본의
재조건 아래에서는, 프롤레타리아트 독재로의 길이, 오로지 부르주
아 민주주의 혁명을 통해서만이 가능하다. 즉, 천황제를 타도하고, 지
주를 수탈하고, 프롤레타리아트와 농민의 독재를 수립하는 것에 의
해서만이 달성할 수 있다는 것을 확실하고 명료하게 이해해야 한다.
노동자 농민 병사 소비에트 권력은 프롤레타리아트와 농민의 독재의
형태이며, 또한 부르주아 민주주의 혁명의 사회주의 혁명으로의 전
환의 형태일 것이다.[29]

　‘천황제를 타도’하고 ‘사회주의 혁명’으로 나아가는 것은 당시
의 프롤레타리아 운동을 하는 모든 이들의 사상적 중심내용이었
다. 시인에게 있어서도 ‘32년 테제’의 핵심내용은 옥중 생활을 이
어나가게 하는 신념의 근원이었다고 할 수 있다. 그런데 가장 지도
자급에 있는 두 사람이 이 부분을 부정하고 ‘전향’을 하게 된 것이
다. 앞서 언급한『인간의 뼈』에서는 이러한 사실을 언급하면서 특
고경찰이 시인을 찾아와 회유하는 장면이 나온다. “너는 아직 젊
어, 너는 아직 22살이야. 그래서 순수하다고도 할 수 있지, 그런데
말이야 요시다군- 우에무라 특고는 그렇게 말하고 몸의 반을 책상
위로 내밀었다- 자네가 지키고자 하는 당은 이제 더 이상 일본에 존
재하지 않아. 사노, 나베야마에 이어서 자네가 알고 있는 당 중앙위
원 미타무라 시로, 나카노 가츠오, 스기우라 게이치, 다카하시 사다

29　小山弘健, 상게서, p.156.

키 등 그 외 모두가 전향해 버렸어. 대장급의 인물이 없는데 졸병들이 앞으로 무엇을 할 수 있겠어. 더구나 이러한 감옥에서 말이야"[30] 자신에게 사상적 영향을 준 거물들이 모두 전향을 한 상황에서 이러한 회유는 시인에게 큰 고민이 되지 않을 수 없었을 것이다.

6. 옥중 투쟁과 시인의 신념 – 「동지 고미 미네지로」

하지만 시인은 공산주의 지도자들의 옥중 전향에 대한 소식에도 끝까지 자신의 의지를 꺾지 않았다.「동지 고미 미네지로(同志古味峯次郎)」라고 하는 시 중간 부분에서 "부패한 지도자의 배신은 폭풍처럼 전선을 흔들어 놓았다/그와 그의 동료들이 이룬 것 같은/ 죽음과 서약의 준수가 단지 이것만이 저 소용돌이치는 대중의 불신임을 돌려놓았던 것이 아닌가"[31] 라고 말하고 있다. 혁명의 신념을 저버린 지도자를 "부패한 지도자"로 단죄를 내리고 그와 대비하여 끝까지 믿음을 지킨 동료에 대해서는 다음과 같이 찬사를 보내고 있다.

---

30 土佐文雄(1983), 전게서, p.204. 무엇보다『인간의 뼈』에서는 당대 최고의 프롤레타리아 시인이면서 마키무라 또한 흠모하고 있었던 나카노 시게하루의 전향 소식에 고민하는 시인의 모습이 잘 묘사되고 있다. "그렇게 열심히 하던 나카노가 전향을 했을 리 없어. 이 녀석이 필경 거짓말을 하고 있는 것 일거야. 설령 그 것이 사실이라고 하더라도 나는 나카노를 넘어서지 않으면 안 돼. 시인의 전향은 죽음을 의미하지"(土佐文雄(1983), 상게서, p.205)
31 腐敗した指導者の裏切りは、暴風のように戦線を揺り動かしていた/彼と彼の同僚のなしたような/死と、誓約の遵守が、たゞこれのみが、あの渦巻く大衆の不信任をとりかえしたのではないか(槙村浩(1964)「同志古味峯次郎」, 전게서, p.106)

이곳에는 얼마나 큰 남겨진 중대한 임무가 있는 것일까/ 흩어진 부서/각각의 공장의 바닥에서 피어오르려는 투쟁의 불씨/그리고 끊겨진 감옥 속에서/죽음을 각오한 결의와 유혹의 몰락 등이/이렇게도 기묘하게 교차하여/저렇게도 불꽃을 흩트리고, 강경한 탄압에 대한 전술의 유연성이/이렇게도 문제가 되었던 시기가 있었던가/ 죽은 동지에 대해서 그는 살아있다.[32]

탄압에 꺾이지 않고, 전향에도 굴하지 않은 동지 고미에 대한 이러한 표현은 시인 자신의 내면의 고백이기도 하다. "죽음을 각오한 결의" 앞에 전향이라고 하는 "유혹의 몰락"이 다가왔지만, 혁명의 의지와 굳은 결심을 바꾸지 않은 시인의 내면을 볼 수가 있다. 조금 더 시인의 고미에 대한 언급을 통해 시인의 내면에 육박해 보기로 하자.

그는 당지부의 리더였다/ 고문과 감금의 쇠사슬 가운데/옥중의 통신은 실로 고난이었다./좁은 창문을 보았다/ 맑은 가을 하늘이 이렇게도 푸르다/ 하지만 철책과, 극심한 경비 대열은 무엇인가/ 연결된 자유와 청춘을 이렇게도 앗아 가버리는구나/하지만 언제까지라도 이루지 않으면 안 되는 일이다/그는 창백해진 쇠약함이/종이보다 하얗게

---

32 ここには何とゆう残された重任があることだろう/ちらばった部署、おのおのの工場の底にくすぶりこもうとする戦いの火/そして絶ち切られた獄中で/敢死の決意と、誘惑えの没落とが/こんなにも奇妙に交叉し/あんなにも火花をちらした、剛くなな弾圧に対する戦術の柔軟性が/こんなにも問題になっていた時期があったろうか/死んだ同志に対して、彼は生きている！(槇村浩(1964)「同志古味峯次郎」, 상게서, p.106)

될 때까지 고민하며/그리고 그것을 이루어냈다.[33]

　　1934년/한 겨울의 감방은 얼음같이 차가웠다/새로온 동지 고미와
함께/감방 조직은 감옥의 지하에/깔려진 얼음판을 깨고 뻗어갔다/ 전
향과 배신의 고난기를 그들은 과감한 돌격대를 조직했다/모든 감옥
의 조직은 과학과 인력의 힘을 다해/과감한 옥중 투쟁을 감행했다/그
것은 코뮤니즘의 진군이었다.[34]

　　'전향과 배신의 고난'의 때에 과감한 옥중 투쟁을 전개한 그의
불굴의 의지가 전해 오는 듯하다. '창백해진 쇠약함'이 '종이보다
하얗게 될 때 까지 고민'했던 동지 고미이상으로 시인은 고민하고
또 고민하였다. 단순히 고민하고 결의하는 것에 머무르지 않고 '과
감한 돌격대'를 조직하고 또 '옥중 투쟁'을 실천적으로 전개하였
다. 자신의 목숨을 뒤로 하고 뜻을 실현하고자 했던 그의 결연함이
동지 고미를 묘사하는 글에 그대로 녹아 나타난 것이다. 시인은 고
지형무소 입소 시에 '범죄에 이르게 된 경위'를 기록하라고 한 <입

33　彼は党支部のキャップだった！/拷問と監禁の鉄鎖の中で/獄中の通信は実に苦難だっ
　　た/狭い窓を見た/秋晴れの空はこんなにも青い∨だが鉄柵と、きびしい警備の隊列とは/
　　連絡された自由と青春とを/こんなにも奪っているではないか∨しかしそれはあくまでもな
　　されねばならぬ/彼は蒼ざめた衰弱が/紙よりも白くなるまで苦慮し/そしてそれをなしとげ
　　た！(槇村浩(1964)「同志古味峯次郎」, 상게서, p.107)
34　一九三四年/真冬の監房は氷のように寒かった/新来の同志古味を加えて/監房細胞は
　　牢獄の地下に/しきつめられた氷床をた∨きわって、伸びて行った/転向と裏切りの苦難
　　期を彼等は果敢な突撃隊を組織した/全牢獄の細胞は、科学と人力の限りをつくして/
　　果敢無比な獄中闘争を敢行した/それはコンミュニズムの進軍だった(槇村浩(1964)
　　「同志古味峯次郎」, 상게서, p.110)

소감상문>에서 "마르크스주의가 옳지 않다고 하는 것을 완전하게 이론적으로 증명하기 위해 연구를 시작"했지만 연구한 결과 "오히려 마르크스주의는 정당할 뿐더러 무산계급해방의 유일한 길이라고 하는 것을 알게 되었다"라고 말하고 있다. 그의 뛰어난 점은 단순히 아는 것으로 그치지 않았던 데에 있다. 이것이 "진리인 이상 실천하는 것은 당연하다. 나는 이렇게 믿고 이를 행동에 옮긴 것이다"라고 적고 있다. 시인은 단순히 아는 것으로 그치지 않고, 알고 있는 것을 몸소 실천에 옮긴 용기있는 자였다. 이러한 그의 기본적 신념은 옥중생활하면서도 조금도 변하지 않았다. 구금성 우울증, 식도협착증으로 건강의 위협을 받는 위태로운 상황에서도, 마르크스주의와 프롤레타리아 문학의 정신적 지주였던 많은 선배들이 뜻을 저버리는 위태로운 상황에서도 그는 그의 뜻을 견고히 지키고 실행하는 사람이었다. 그의 의지와 실행에 관해서 옥중의 모습과 출소하는 그의 모습을 지켜보았던 당시의 일본공산당 간부였던 마쓰모토 가즈미(松本一三)라고 하는 이의 말이 좀 더 선명하게 이를 증명해 준다.

마키무라 코라고 하는 청년 말인데요, 형기를 마치고 출소하는 1935년 6월에, 나는 직무상 약간의 질문을 했습니다. 이곳을 나가면 어떻게 할 생각이야? 지금의 이 말은 지금까지와는 달라. 비상이지. 그러한 마음자세가 되어 있냐고 물으니, 네 되어 있습니다. 역시 전쟁반대를 계속할 것입니다. 나는 이 중일전쟁이 바르지 않다고 생각합니다. 라고 답했다. 그렇다면 너는 일본에서는 살 수 없어. 너는 일본인이 될 수 없는 거야 하고 한 마디 하자, 조금 생각하고 난 다음에, 그렇다면 소비에트에라도 탈출할 겁니다. 그리고 반전이라고 하는 입장을 계속 견지할 것입니다. 라고 말했어요.[35]

앞에서 언급한 사노 마나부를 비롯한 당대의 지도자들이 전향을 택한 데에는 모두 나름의 이유가 있었다. 그리고 마쓰모토의 지적처럼 일본제국의 존재를 부인하는 것은 일본인으로서의 삶을 포기하는 것과 같은 것이었다. 시인은 나름대로 타협을 시도할 수 있었을 것이다. 그러나 그는 한결같은 결의와 실천을 바꾸지 않았다. 성장기 시절 획득한 그의 강한 신념이 이렇게까지 지속될 수 있었던 이유가 무엇일까? "이렇게 강인한 신념을 지닐 수가 있는 것인가? 당신들이 말하는 주의주장은 별도로 하고라도 이러한 태도를 관철시키는 일견 약해 보이는 이 청년 마키무라 코에 대해서 지금도 감동할 뿐입니다"[36]라고 말하는 인용문의 주인공의 입장에 서서 시인의 내면세계가 기인하는 바를 더욱 고찰해야 하는 이유가 바로 여기에 있는 것이다.

7. 맺음말

본고에서는 일본의 프롤레타리아 시인 마키무라 코의 생애와 작

---

35 中沢啓作「槇村浩 没後40周年によせて」『日中 11月号』(1978年, 日中書林)(藤原義一(2018), 전게서, p.272, 재인용)
36 藤原義一(2018), 전게서, p.273 재인용.

품의 진수에 해당된다고 여겨지는 수감생활중에 제작된 것들을 중심으로 살펴보았다. 이를 위해서 먼저 시인이 성장기에 어떠한 형태로 자신의 사상을 내면화하였는지에 대해서 다양한 일화를 중심으로 살펴보았다. 학창시절 보인 남다른 혁명시인으로서의 면모는 그의 전생애를 충분히 짐작하게 하는 것이었다. 그리고 그의 고지형무소 수감 중에 만든 두 편의 작품을 중심으로 그가 어떻게 자신의 사상을 구체화했는지도 살펴보았다. 황태자의 탄생으로 인해 감형을 받고, 또 그 기념으로 하사받은 '떡'을 동지의 입장과 적의 입장에서 형상화하는 그의 수완을 살펴보았다. <떡의 노래>는 동지의 따뜻한 인간미를 칭송하는 동시에 제국일본을 풍자하고 비판하는 뛰어난 작품성이 돋보인다. <동지 고미 미네지로>는 모두가 전향하는 위태로운 상황에서도 자신의 의지를 관철시키며 혁명정신을 관철시킨 고미에 대한 칭송을 통해 시인 자신의 의지와 심정을 나타낸 우수한 작품이다. 당시는 전향의 바람이 일던 시대였다. 많은 지도자들이 전향하였고, 많은 사람들이 전향의 유혹가운데 있었다. 하지만 시인은 끝까지 자신의 의지를 관철시킨, 놀라운 사상적 깊이와 실천력을 보여주었다. 그가 수감할 때 생명의 불꽃은 거의 꺼져가고 있었지만 오랫동안 간직한 혁명의 꿈은 결코 포기하지 않았다. 수감 중에 보인 그의 이러한 면모를 통해 우리는 시인의 사상적 실체에 대해 확인해 볼 수 있었다.

| 참고문헌 |

岡村啓佐(2018.12)「槇村浩没後80周年記念講演会 槇村に学び、今を生きる」『詩人会議』, 東京: 詩人会議グループ.

小川晴久(1988)「槇村浩小伝」『アジアチッシエ・イデオロギーと現代　槇村浩との対話』, 凱風社.

小川晴久(1985)「槇村浩と共和主義思想ーその天皇制峻拒の精神ー」『科学と思想』, 新日本出版社.

小山弘健(1967)『日本マルクス主義史概説』, 芳賀書店.

土佐文雄(1983)『人間の骨－詩人・槇村浩の波乱の生涯』, リヨン社.

槇村浩(1964)「槇村浩の年譜」『間島パルチザンの歌ー槇村浩詩集－』, 新日本出版社.

宮崎清(1979)『詩人の抵抗と青春』, 新日本選書.

三好行雄 編(1978)『日本文学全史 6 現代』, 学灯社.

藤原義一(2018)『槇村浩が歌っている』, 飛鳥出版室.

神戸又新日報(1933.6.10), '전향에 대한 옥중성명'
　　　　http://www.lib.kobe-u.ac.jp/das/jsp/ja/ContentViewM.jsp?METAID=
　　　　10071012&TYPE=IMAGE_FILE&POS=1(검색일: 2021.6.30)

일본군 '위안부' 문제
공론화와 일본 문학

후루야마 고마오(古山高麗雄) 「매미의 추억」 전후

강 소 영

1. 머리말

후루야마 고마오(古山高麗雄)는[1] 50세인 1970년 전쟁 포로 체험을

---

1 후루야마 고마오(古山高麗雄, 1920~2002) 한국 신의주에서 태어나 성장. 아버지 사쥬로는 내과의사. 1938년 고교입시에 실패, 도쿄의 재수 학교에 다니다가 야스오카 쇼타로(安岡章太郎)등과 알게 된다. 1940년 교토의 고교에 입학했지만, 학교의 군국주의적 방침에 반발해서 중퇴. 도쿄에 돌아와 히피적 생활을 한다. 1942년(22세)에 징집되어 이후 필리핀, 말레이시아, 미얀마, 캄보디아, 베트남을 옮겨 다니며 참전하고 라오스에서는 포로수용소에 전속되는데 거기에서 패전을 맞아 포츠담 상등병이 된다. 전범 용의자로 수용되어 1947년(27세) 금고 8개월 형을 받는다. 귀국 후에는 주로 편집자로 여러 회사를 전전하다가 1967년『계간 예술』의 편집장이 된다. 동인 에토 쥰(江藤淳)의 권유로 단편『묘지에서』(『계간 예술』1969.7)를 쓴다. 다음 작『프레오 8의 새벽』(『문예』1970.4)으로 아쿠타가와상 수상, 50세 신인 작가로 주목받는다. 작품은 주로 전

쓴 「프레오 8의 새벽」이라는 소설로 아쿠타가와상을 수상했다. 그
는 1942년 22세에 징집되었는데, 버마(현 미얀마) 전선에 종군한 병
사 "나"의 전쟁 체험기와 포로수용소 생활기, 혹은 전후에 전우를
방문한 방문기 등 다양한 전쟁 관련 사소설을 전 생애에 걸쳐 집필
했다. 공식 역사서나 전우회의 기록으로는 읽을 수 없는 전쟁 체험
문학이라고 할 수 있다.

　기쿠치칸 문학상(菊池寬賞)을 수상한 전쟁 3부작『단작전(斷作戰)』・
『용릉회전(龍陵会戰)』・『푸콩전기(フーコン戰記)』와『23편의 전쟁 단편
소설(二十三の戰争短編小説)』등이 대표적이다. 후루야마는 '위안부' 문
제나 일본군의 폭력, 전쟁을 정면에서 비판한 사람은 아니다. '패
전의식의 결락'으로 평가받기도 하는데, 그럼에도 불구하고 본고
에서 후루야마의 전쟁소설에 주목한 이유는 "나"라는 1인칭 병사
의 시점으로 끊임없이 전쟁을 언어로 형상화했기 때문이다. 후루
야마는 전쟁에 대해 자신이 '가해자'라는 인식에는 도달했으나[2] 전
쟁에 대한 '근본적 반성'은 없다.

　후루야마 소설에 대한 한국의 선행연구는 대체로 그의 애매하게
거리를 두는 불철저한 전쟁에 대한 태도나 역사 인식의 한계를 지
적하는 경향이 있다.[3] 본고에서는 선행연구에서 이미 지적된 바 있

　　쟁기를 다룬 것과 전후의 일상생활을 다룬 것으로 나뉜다. 日本近代文学館編
　　(1978)『日本近代文学大事典 第三巻』, 講談社, p.190.
2　古山高麗雄(1982)『兵隊蟻が歩いた』(문고판), 東京:文藝春秋, p.169
3　이원희와 손지연의 연구가 이러한 관점을 잘 보여준다. 이원희「후루야마 고마
　　오와 조선」; 손지연「전쟁체험의 (사)소설적 재현과 일본군 '위안부' 표상-후
　　루야마 고마오의 소설 텍스트를 중심으로-」『한일군사문화연구』제19집,
　　2015. 국내연구도 몇 편 없고, 일본 측의 선행연구는 浜野正美(1984)「古山高麗雄

는 후루야마의 정치적 한계를 인정하면서도 '위안부' 문제 공론화를 의식한 소설 쓰기라는 관점에서 논의를 진전시키고자 한다. 기존연구에서는 「매미의 추억(セミの追憶)」(『新潮』, 1993.5)[4]의 차별적인 시선과 정치적 불철저함, 전쟁에 대한 반성 등이 없음을 논하고 있지만 본고에서는 왜 작품명이 '매미의 추억'인가를 비롯하여, 그가 종종 언급했던 '수치심'의 기저에는 무엇이 있었고 그것은 그의 '위안부' 인식과 소설 속 표상에 어떻게 작용했는지도 살필 것이다. 과연 조선인 '위안부'에 대한 차별적 시선을 보이려 한 것인가에 대한 의문도 풀어보려고 한다.

후루야마가 조선인 '위안부'에 대해 비교적 구체적으로 묘사한 소설은 「개미의 자유(蟻の自由)」(『群像』, 1971.9), 「하얀 논밭(白い田圃)」(『季刊芸術』十三号, 1970), 「프레오 8의 새벽(プレオー8の夜明け)」(『文藝』, 1970.4), 「매미의 추억(セミの追憶)」(『新潮』, 1993.5) 등 4편이다. 본고에서는 1991년 8월 김학순 할머니의 고발을 계기로 '위안부' 문제가 공론화한 이후 작품인 「매미의 추억」과 그 전의 작품들에 나타난 조선인 '위안부' 표상을 비교하며 살펴보고자 한다. 이는 '위안부' 문제 공론화를 통해 나타난 역사·사회적 측면의 인식변화뿐만 아니라 문학적 측면에 나타난 표상 변화를 고찰하려는 시도이다.

の"怒り"について」『明石工業高等専門学校研究紀要』第二十号가 거의 유일하다.

[4] 1993년 '전년도의 가장 완성도 높은 단편소설에 수여한다'는 가와바타 야스나리 문학상(川端康成文学賞) 수상.

2. 「매미의 추억」의 집필 의도

후루야마는 1942년 징집 당시는 센다이 제2사단 소속이었으며, 그 후 필리핀, 미얀마 북부와 중국 운남성 지역의 전투에 배치되었다. 당시 일본군은 인도-미얀마-중국 사이에서 장개석의 중국 국민군을 지원하는 영국과 미국의 물자 공급선을 끊는 작전을 벌이고 있었다. 일본군 병사들의 50%가 사망한 44년 3월부터의 임팔 작전(Battle of Imphal) 또한 이 지원 라인을 끊기 위한 작전이었다. 후루야마는 중국 운남성 남부에서 궁지에 몰린 일본군을 돕기 위한 작전에 투입되었지만, 결국 전장에서 쓸모가 없었기 때문에 포로수용소의 감시병이 되었다. 이 덕분에 살아남아 패전 후 C급 전범으로 프랑스군의 형무소에서 시간을 보내게 된다. 그는 만 5년 동안 병사였는데, 그의 소설에서는 일상을 회고하는 장면이 이어지다가 돌연 전쟁 이야기나 '위안부' 이야기가 개입된다.

우선 1993년 5월에 발표된 소설 「매미의 추억」의 도입부를 살펴보자. 1993년 8월에는 고노 담화[5]도 발표되었는데 시기상으로 3개월 먼저 이 소설이 나온 셈이 된다.

---

5 1993년 8월 4일 일본 관방장관 고노 요헤이가 '위안부' 동원 과정에서 군의 개입과 강제성을 인정한 공식성명. 1991년 8월 14일 '위안부' 피해자인 고 김학순 할머니의 증언으로 시작된 '위안부' 문제가 한·일간의 외교 문제와 국제적 관심사로 떠오르자, 1993년 8월 4일 일본 정부는 고노 담화를 통해 "모집, 이송, 관리 등이 감언과 강압에 의했으며 전반적으로 본인의 의사에 반하여 동원되었다."며 강제성을 인정했다. 또한 상처를 입은 모든 사람들에게 사과와 반성의 뜻과 역사연구, 역사교육을 통해 같은 잘못을 되풀이하지 않겠다고 밝혔다.

요즈음 조금 시들해졌지만, 지난번 전쟁 중의 종군위안부에 대한 큰 소동으로 떠들썩했다. 전후 거의 반세기나 지나 왜 그러한 소동이 난 것일까. 아무도 모르는 구악이 비로소 드러난 게 아니다. 조선반도가 일본의 식민지였을 무렵, 우리나라는 조선 민족에 대해 여러 가지 심한 짓을 했다. 종군위안부의 태반이 조선인이었다는 것도 그즈음 일본의 방법이나 사고방식을 말해주고 있다. 그러나 그 일도 지금까지 전혀 이야기가 없었던 것은 아니다. 전후 출생한 젊은이는 모르는 자도 있겠지만 조선인 노무자의 강제연행이나 종군위안부에 관해서는 서술도 있었고 종군위안부는 전후 이른 시기에 영화화도 되었다.

그렇지만 지금까지 말은 있었지만 소동은 없었다. 그것이 반세기 가까이나 지나 이런 식으로 불타오른 이유 중 하나는 집중 호우식으로 엿가래 같은 매스컴이 입을 모아 보도했기 때문일까. 무언가 뻘건 숯불에서 화염이 솟아오르는 듯한 느낌이다. 6

후루야마는 '위안부' 문제에 대한 책임추구나 진상규명을 호소하지는 않았다. 그러나 이 도입부를 통해 「매미의 추억」이 90년대 이후 시작된 '위안부' 문제의 '문제화'에 대한 대답이자 하나의 발화목적으로 쓰였다는 것을 알 수 있다.

이전부터 존재했던 '위안부'에 대해 뜨겁게 주목하기 시작한 것이 매스컴의 영향이라 생각하면서도, 이후의 문장에서는 일본 정부가 '위안부' 문제를 '민간업자의 일이며 자료 부족으로 모르겠

---

6 古山高麗雄(2004)「蟬の追憶」『二十三の戰爭短編小説』(문고판), 文藝春秋, pp.503-504, 모든 인용문 번역은 필자에 의한다. 이하 쪽 번호만 표기하기로 한다.

다'고 변명하여 일이 확산된 경위가 묘사된다. 73세가 되는 후루야마와 동년배의 '위안부'를 "전'위안부'들은 반세기 전의 일을 어느 정도로 기억하고 있을까? 무엇을 생각하고 있을까?"라며 떠올리고 일본인 '위안부' 친구의 존재도 이야기한다. "스즈란(鈴蘭)인지 하쿠란(白蘭)인지 가장 미인으로 눈에 띄고 잘 나갔던 조선인 위안부"가 사령부 병사의 아내가 되었다는 이야기를 옛 전우에게 듣고 '아 잘 됐네(いい話だな)'라고 하며 두 부부를 만나보고 싶다'고도 하지만 '그런 생각이 소설가의 나쁜 부분'이라며 그런 짓을 해서는 안된다고 말한다.

이 소설의 마지막은 아래 인용문과 같다.

마츠에는 그 후 어떻게 되었을까? 아이를 낳았을까? 만약 살아 있다면 여든 정도 되었을 터다. 하쿠란은 살아 있으니 지금 이 나라에 살고 있을 테고, 하루코는 어딘가에 아직 살아 있을까?…… 하루코도 만약 살아 있다면 일흔 된 할머니다. 여자 배구 선수만큼이나 키가 큰 할머니 말이다. 가장 눈에 띄었던 미인으로 넘버원이었던 하쿠란도 지금은 일흔 살이 된 할머니겠지만 어떤 모습으로 나이를 먹었을까?……그녀는 물론이고, 하루코도 딱 한 번 매미가 된 정도의 일로 나를 기억하고 있을 리 만무하다. …… 그녀는 어딘가에 살아 있을까? 살아 있다면 일본 제국주의에 대해 혹은 자신의 인생이나 운명에 대해 어떻게 생각하고 있을까? 그녀들의 피해를 보상하라고 외치는 정의 단체에 대해서는 어떻게 생각하고 있을까? 그런 알 수도 없는 일을, 때로 문득 상상해본다. 그리고 그때마다 도저히 도저히 상상이 미

치지 않는 일이라고 생각하는 것이다.   (pp.528-530)

  모두 70세가 넘은 병사와 '위안부'들의 과거를 회상하는데, 후루
야마가 '위안부'의 전후에 대해 본격적으로 관심을 보이는 것은 이
소설에서부터 비로소 나타나는 변화이다. 과거 전장의 '풍경'이었
을 뿐인 '위안부'들의 패전 후 삶을 궁금해하고 그들의 소식을 묻
는 것은 1991년 김학순 할머니의 일본군 '위안부' 문제 공론화의
영향이 있었으리라 생각된다. 일본 사회의 '소동'을 통해 '위안부'
였던 여성이 어떤 인생을 살았는지, 그 경험이 그녀들의 삶에 어떤
그림자를 드리웠는지 개개인의 삶에 관심을 갖게 된 것이다.

  후루야마는 교토에서 학창시절을 보냈지만, 도쿄를 자주 오가며
다마노이(玉ノ井) 사창가에 드나들었다. 당시 후루야마와 어울렸던
친구인 야스오카 쇼타로(安岡章太郎)는 "그는 자주 학교를 빠지고 도
쿄에 오면 나를 비롯한 네 명을 데리고 아사쿠사나 다마노이를 안
내"[7]했다고 회고한다. 사창가를 자주 다녔던 후루야마이지만 위안
소에 가서 여자를 안을 마음은 없었는데 전쟁 중에 두 번 위안소에
간 적이 있다고 한다. 한번은 필리핀 마닐라 주둔 시인데 여자 경험
이 없는 동료가 데려가 달라고 애원하는 바람에 같이 갔는데 자신
의 상대였던 타이완 여자와는 관계를 갖지 않았다. 두 번째는 미얀
마 이라와디 강변의 네이판 마을에 주둔할 때였다. '위안부'를 사

---

7 安岡章太郎(1991)『僕の昭和史 1』(문고판), 東京:講談社, p.124. 야스오카는 후
   루야마를 모델로 한 소설(「나쁜 친구들(悪い仲間)」, 1953)을 썼으며, 이 소설로
   아쿠타가와 상을 수상했다.

지 않는 것은 군인답지 못하다고 면박 주는 고참병에게 강제로 끌려가다시피 했던 거였다. '얼굴은 그런대로 괜찮았지만 체구가 엄청나게 큰 하루에(春江)라는 이름의 조선인 위안부'와 관계를 했다.

> 그즈음 나는 왠지 위안부를 안을 마음이 없었다. 나는 꼬박 5년 군대 밥을 먹었는데 그동안 시계 없이 생활했다. ……멍하니 명령받은 것을 어떻게든 하기만 하면 된다. 그것이 할 수 있는 일이라면 말이다. 그즈음의 나는 겉으로는 일단 모두와 보조를 맞추고 있었지만 뭐든지 그런 식으로 생각하며 내 껍질 안에 틀어박혀 지냈다. 미래의 계획은 전혀 없다. 이 노예와 같은 환경이 언제까지나 이어지든가 죽는가다. 그것이 내 미래라고 나는 생각하고 있었다. (p.508)

> 군대에 오기 전까지 나는 다마노이(玉の井)에 다녔다. 교토에서는 미야카와 쵸(宮川町)에 다녔다. 하시모토(橋本)의 유곽에도 갔다. 그러나 군대에서는 위안소에 갈 마음이 생기지 않았다. 그렇지만 마닐라에서 한번 네판 마을에서 한번 위안부방에 들어갔다. 양쪽 다 나는 그 일을 소설에 쓰고 있는데 마닐라에서는 요시다라는 전우가 데려가 달라고 해서 갔다.
> 그때의 일을 나는 개미의 자유라는 단편에 썼다. 요시다의 이름을 고미네로 바꿨다. (p.509)

위 「매미의 추억」 인용문에서는 사창가를 자주 다녔던 과거 이력과 '위안부' 문제 공론화 이전 소설인 「개미의 자유」(1971.9) 속 '위안소'에 데려가 달라던 전우 이름을 실명인 '요시다'를 쓰지 않고 '고미네'로 변경했던 사실을 굳이 밝히고 있다.

> 넘버원 위안부의 이름은 모모코(桃子), 하쿠란은 스즈란, '나'보다 10살이나 연상인 우메코(梅子)를 안은 것으로 되어있지만, 이것도 사실이 아니다. 나인듯한 인물의 이름은 도쿠키치(德吉)이고 도쿠키치의 나이는 26세지만 그해 나는 24살이었다. 나는 그런 식으로 여러 가지로 궁리해서 썼던 것이다.……「프레오8의 새벽」에도 네판 마을 위안소 이야기가 나온다. 여기에 나오는 몸집이 큰 위안부 이름은 하루에(春江)이다. 쓰다 보니 그녀 이름은 하루코였던가. 어쨌든 그즈음의 나는 진짜 이름은 사용하지 않았었을 테니까.   (p.510)

네판 마을의 위안소 이야기는 「프레오8의 새벽」뿐만 아니라 「하얀 논밭(白い田圃)」(1970)에도 나오는데 작중 인물명은 모두 변경하여 묘사하고 있다. 실제로 당시 '위안부'들이 사용했던 이름도 물론 예명(소설에서는 유곽에서 쓰는 이름인 겐지나(源氏名), 에도시대 이후 예기 등이 본명 이외에 가졌던 이름)이다.

1993년 「매미의 추억」이전 작품에 등장하는 병사와 '위안부'는 모두 후루야마가 당시 알고 있던 이름을 바꾸어 사용했지만, 이 작품에서는 비로소 기억의 한도 내에서는 본명을 쓰고 있으며, 가명을 사용한 경우에는 왜 그랬는지 그 경위도 밝히고 있다. 과거와 달리 '일본인 위안부'라는 존재에 역사성을 부여해 소설가 나름대로 기록하려는 의지가 작용한 것으로 보인다. 후루야마와 거의 동년

배로 같은 전쟁을 겪은 '위안부' 문제에 대해서 새로운 인식을 하게 되면서 언어적 발화의 새로운 단계를 모색하고 있었다고 할 수 있다.

3. 병사와 조선인 '위안부' – '동족'에서 '피해자'로

1) '동족'의 의미

박유하는『제국의 위안부』에서 후루야마의 '위안부' 묘사를 고찰한 바 있는데, 이 책에서 특히 문제시되었던 "동지적 관계"[8]라는 표현은 후루야마의 소설을 참조하면서 언급되었던 것이다. 박유하는 "그곳에 이런 식의 사랑과 평화가 가능했던 것은 사실이고, 그것은 조선인 위안부와 일본군의 관계가 기본적으로는 동지적인 관계였기 때문이다."[9]고 말한다.

여기에서 후루야마 텍스트의 정확한 표현을 살펴보기로 하자.

우리들은 몇천 번이나 경례와 노역을 강요당했고 그녀들은 몇천 번이나 성교를 해야 한다. 납치당해 굴욕적인 짓을 강요받고 있다는 점에서는 같다. 우메보시는 징용되었을 때 공장에 간다고 생각했다는데, 우리들이 징용을 거부할 수 없었던 것처럼 그녀들도 징용에서

---

8 박유하(2013)『제국의 위안부』, 뿌리와 이파리, p.75.
9 위의 책, p.67.

도망칠 수 없었던 것이다. 그런 것을 생각하자 아무래도 마음이 우울해졌다. 그녀들은 동족이다. 그러니까 친하게 지내야 한다고 생각해봐도 그런 이론만으로는 친해질 수 없었다. 유곽에는 다녔는데, 위안소에 저항을 느끼는 것은 모순된 것일까. 어느 쪽이든 나는 한번, 우메보시를 접하고 이제 이런 짓은 그만두어야겠다고 생각했다.

(「하얀 논밭(白い田圃)」, pp.98~99)

이원희는 "주인공이 위안소에 가고 싶지 않은 진짜 이유는, 위안부들이 일본 여자가 아니기 때문이다" "일본인들이 인간 이하로 멸시하고 차별하던 조선 여자이었기 때문이 아닐까"[10] 추측한다. 그러나 '동족'은 '내선일체'의 의미가 아니라 병사와 '위안부'는 전쟁터에서 "납치되어 굴욕적인 짓을 강요당하는" 같은 처지라는 뜻에서 사용한 것이다. 거부할 수 없는 전쟁이라는 상황에서 자유가 없는 두 처지가 같다는 의미에서 '동족'이라고 칭한 것이다. 그렇다면 고교 시절부터 사창가를 다녔던 후루야마가 위안소와 '위안부'에 저항감을 느낀 이유는 무엇일까. 그것은 "나"라는 병사의 기저에 있는 '수치심' 때문이었을 것으로 보인다.

후루야마는 「수치가 많은 생애(恥の多い生涯)」라는 에세이에서 "나도 수치 의식은 꽤 강하게 가지고 있는 인간", "교활함을 수치스러워하고 비굴함을 수치스러워할 정도의 마음은 계속 가져야 한다."[11]고 쓰고 있다.

---

10 이원희(2009) 「후루야마 고마오와 조선」, 『일본어문학』, 제46집, p.344.
11 古山高麗雄(2001) 『反時代的、反教養的、反叙情的』, ベスト新書, pp.138-139.

후루야마의 수치심은 전쟁터에 나간 병사들의 성욕과 해소과정이 제국주의 일본에 의해 조종되고 관리되는 것에 대한 본능적인 거부감에서 나온 수치심이었을 것으로 생각된다. 남성의 성욕은 어쩔 수 없기에 모두 '위안소'에 다녔던 것도 아니었다. 아래 인용문을 참조해 보자.

> 미국 정부 전쟁정보국 OWI이 전시에 포로로 보호한 조선인 위안부들에 관해 작성한 보고서(「Japanese Prisoner of War Interrogation Report No.49)는 "버마 전선의 일본군 소탕 작전에서 포로가 된 20명의 조선인 위안부와 민간인 일본인 부부"를 대상으로 1944년 8월 20일에서 9월 10일에 걸쳐 벌인 심문 결과를 담고 있는데 거기에는 "일반 병사들은 여기 오는 것을 누가 보는 것-특히 줄 서는 일을 수치스러워 했다. 개중에는 군인이 이들에게 구혼하거나 실제로 결혼한 경우도 있었다."

"가장 사적인 장소에서 이루어져야 할 일이 공적인 장소에서 이루어지는 상황, 자신의 욕망을 온전히 세상에 드러내야 했던 자신이 '수치'스러웠을 것"이다.[12]

병사들도 수치심을 느꼈으며 위안소 앞에 줄 선 병사들은 기본적으로 보통의 남성들이었다. 그러한 사람들도 얼마든지 참혹해질 수 있다는 사실을 전장의 경험담들이나 소설들은 보여준다. 바꾸

---

12 박유하, 앞의 책, pp.69-70.

어 말하면 위안소란 보통의 남성들을 병사로 만드는 장치이기도 했다. "위안소에 줄을 서는 것을 수치스러워했다는 기록"은 은밀한 개인적 행위가 공공연히 드러나는 것에 대한 인간의 기본적 수치심을 보여준다. 명목상 위안소는 전시 강간과 성병을 막기 위해 만들어졌다. 그러나 위안소는 전시 강간을 감행할 만한 '유능한' 병사를 만들어나가는 장소이기도 했다.[13] 남성의 '성욕' 해소를 위해 여성의 몸이 필요하다는 '남성 신화'는 이를 오랫동안 자연스러운 것으로 설명해왔다. 실제로 위안소를 출입하지 않은 병사들은 예외적 존재로 취급되곤 했다.[14]

후루야마는 「매미의 추억」에서 관계를 가진 유일한 조선인 '위안부' 하루코의 전후에 대해 생각한다. 공론화 이전의 문장에서는 전장의 스치는 풍경처럼, 혹은 관조적으로 전쟁에 거리를 두고 무기력한 시선으로 '운' 등을 언급하며 에피소드처럼 묘사하는 데 그쳤다면, 1993년 시점에서는 '위안부'들의 전후 소식을 궁금해한다. '그녀들'이었던 '위안부'가 전쟁을 같이 겪은 '우리들'이 된 것으로 생각할 수 있다. 전쟁에 대한 반성이나 비판 없이 건조하게 거리를 두고 전쟁소설을 쓸 뿐이라고 비판받은 후루야마였지만, 1990년대 이후 비로소 표면으로 드러난 '위안부' 문제 공론화 과정을 지켜보면서 새로운 인식을 하게 되었던 것이다.

---

13 吉見義明(1995)『従軍慰安婦』, 東京:岩波書店, pp.43-47.
14 鹿野政直(2005)『兵士であること 動員と従軍の精神史』, 東京: 朝日新聞社, p.17.

2) 병사의 수치심과 '매미'

가) 굴욕적 린치 '매미'

'수치'의 감정에 민감한 병사 "나"는 전장에서 당해야 하는 린치에 대한 강한 거부감을 표출한다.

군대에는 여러 가지로 잔학함을 즐기는 린치(私刑)가 있었다. ……이 불쾌하고 추잡한 린치는 군대이기 때문에 생기는 것이라기보다 일본인의 추잡함이라고 나는 생각했다. 구 군대의 린치에는 우롱을 즐기는 것이 많았다. 육체적인 고통을 주기보다 꼴사나운 행위를 시켜 괴롭히는 것이다. 걸레로 자기 얼굴을 닦게 한다. 슬리퍼 바닥을 핥게 한다. 북에서 남까지 일본 전국 천황의 군대에게 공통된 린치로 자전거가 있었다. 꾀꼬리의 골짜기 건너기(鶯の谷渡り)가 있었다. 매미가 있고, 창녀(お女郎)가 있었다. ……매미라는 것은 기둥을 안고 맴-맴-하고 우는 것이다. 창녀라는 것은 총대를 사창가의 격자문이라 치고 잠깐 오빠 들렀다 가세요라고 말하며 창녀 흉내를 내는 것이다.   (pp.521-522)

군대라는 곳은 그런 이상한 말만 하는 곳이었다. 그러나 마음속에서 생각한 것은 생각만으로 그치지 않으면 심한 꼴을 당하는 것이 그 시절의 우리나라였다.   (p.523)

물리적인 폭력이 아닌 굴욕을 맛보게 하는 이런 '매미'로 대표되는 다양한 린치는 '무력한 병사 나'에게 심한 거부감을 갖게 한다.

사람을 우롱하는 여러 린치의 종류는 군대라서가 아닌 '일본인의 추잡함'에서 연유한다고 생각한다. 후루야마가 민족적 측면에서 조선인 '위안부'에 대한 차별적 생각을 가졌다면 일본인의 추악한 면은 표현하지 않았을 것이다. '기둥을 안고 맴맴 하고 울어야 하는' 굴욕감을 안겨주는 '매미'라는 이 린치는 후루야마가 한 번 경험한 '위안부'와의 관계를 떠올리게 하는 메타포이기도 하다.

나) '위안부'라는 나무에 붙은 '매미'

관계를 가진 조선인 '위안부'의 이름은 하루에, 하루코, 우메코 등으로 작품에 따라서 다르게 나타난다. 1970년 4월에 발표된 「프레오 8의 새벽」에서 조선인 '위안부'는 다음과 같이 서술된다.

> 하루에는 얼굴 생김은 나쁘지 않은데 아무튼 너무나 지나치게 크기 때문에 붐비지 않는다. …… 나는 매미가 거목에 붙은 듯한 느낌이 되었다. 또하늘에 던져진 고무공 같은 느낌이기도 했지. 하루에는 몸집이 클 뿐만 아니라 마음도 대범한 여자였다. "징용이라고 하데. 우리 경상남도에서 논에 있었어. 그랬더니 징용이라며 데려가는 거야. 기차를 타고 배를 탔어. 우리 위안부가 된다는 거 몰랐어." 태평한 듯 서두르지 않는, 이라는 것은 그런 것이지. 하루에에게는 어두운 그림자가 없었다. 유쾌한 듯이 웃으면서 그녀는 계속 말했다.
>
> "운이야. 위안부가 되는 것도 운. 병사님 총탄을 맞는 것도 운. 모두 운이야." (「프레오 8의 새벽, 1970.4, p.55)

손지연은 위 인용문에 대해 "일본군 '위안부'들의 모습은 파편화되고 불완전한 '나'만의 기억을 통해 호출된, 그리고 그 위에 남성 중심의 작가적 '상상력'이 덧칠되어 새롭게 조형된 것"[15]이라고 평가한다. 처참한 처지에 있는 '위안부'의 성격을 밝게 묘사하고 '운'을 거론하는 장면은 확실히 '남성 중심적'인 일본인의 시각으로, 그 '위안부'의 기저에 있는 마음과 구조적인 식민지 여성의 성적 착취의 구도를 파악하고자 하지 않는 부분에서 비판받아 마땅하다.

다만, 문학적 측면에서 병사가 느끼는 '수치심'이라는 감정을 '위안부' 문제 공론화 이후인 「매미의 추억」에서는 소설 제목에 넣을 정도로 '매미'라는 린치와 연결시켜 굴욕감의 상징으로 표현하고 있다는 점에 주목을 요한다.

1970년 4월 「프레오 8의 새벽」과 같은 시기에 발표된 「하얀 논밭」에서는 보다 적나라하게 병사들 사이에서 체격이 큰 조선인 '위안부' 하루에가 어떤 존재였는지가 드러나고 있다.

내가 접한 것은 아마 나보다 10살이나 연상인 우메코라는 여자였다. 병사들은 우메코를 우메보시 아줌마라든가 우메보시라고 부르고 있다. 우메보시는 20대 위안부들과 비교하면 기량도 떨어지고 몸도 밉다. 몸가짐이 직선적이고 오이치니, 오이치니하고 소학생이 체조하고 있는 듯한 느낌이 있었다. 틀어 올린 머리도 예쁘지 않다. 스모

---

15 손지연(2015) 「전쟁체험의 (사)소설적 재현과 일본군 '위안부' 표상－후루야마 고마오의 소설 텍스트를 중심으로」 『한일군사문화연구』 제19집, p.386.

의 살바를 맨 듯 쇠귀나물 같이 묶고 있다. 내가 우메보시를 고른 것은 그녀만은 순서싸움의 대상이 아니었기 때문인데 나는 우메보시의 틀어 올린 머리를 보면서 쓸쓸한 마음이 들었다. 나도 우메보시도 같은 처지인 것이다.

(「하얀 논밭」, p.98)

경상남도 논에서 일하다가 속아서 '위안부'가 된 하루에와 관계를 가지며 그녀의 외모를 평가한다. 너무 큰 덩치 때문에 "매미가 거목에 붙은 듯한 느낌"이라 말한다. 여기에 '동족'인 '위안부'와의 교감은 나타나지 않는다. 속아서 오게 되었다고 하는 말을 들어도 의문은 표하지 않는다. '운'을 말하며 대범하게 전쟁터의 일상을 보내는 그녀는 "나"에게 인상적이었을 것이다. 실제로 후루야마는 자서전풍 수필집 『인생 어차피 복불복』(2004)에서 '운'이라는 말을 즐겨 사용하게 되는데, 사실 전쟁터에서는 인간의 자유는 무의미하다. 병사의 처지와 '위안부'의 동질감은 '동족'이자 '운'에 좌우될 수 밖에 없는 무력한 목숨이라는 점에도 존재한다. '매미'라는 단어는 '위안부' 문제 공론화 이후인 1993년 「매미의 추억」의 소설 제목으로까지 쓰일 정도로 중요한 메타포로 기능한다. 우롱과 굴욕을 즐기는 일본 특유의 군대 린치인 '매미'와 강제로 끌려와 병사들의 성 상대를 해야 하는 굴욕적인 조선인 '위안부' 의 상황을 같이 비유하는 단어인 것이다. '매미'는 「매미의 추억」에서 매우 구체적으로 다시 묘사되는데 1970년 「프레오 8의 새벽」에서 "매미가 거목에 붙은 듯한 느낌"이라고 자신의 경험을 표현한 것은 「매미의 추억」에서는 아래 인용문과 같이 다른 전우의 경험담 속에

151

서 사용되고 있다.

> 네판 마을에서 나는 한 전우에게 그 후 구멍동서(アナキョウダイ)라는
> 말을 들었다. "매미가 된 것 같았다구" 거구의 하루코와 성교하면 거
> 목에 붙은 매미가 된 듯한 느낌이 든다고 내 구멍 동서는 말했지만 그
> 구멍동서의 이름도 잊었다.……요즈음 나의 기억력 쇠퇴는 특히 진행
> 이 심한 것 같다. 그런 상태 속에서 야뇨증의 상등병과... 하루코와 마
> 츠에와 하쿠란 등을 때때로 나는 생각한다.   (p.529)

1970년 「프레오 8의 새벽」에서는 '매미'라는 강렬한 표현법을
후루야마 자신의 느낌인 듯이 사용하고 있지만, '위안부' 문제 공
론화 이후「매미의 추억」에서는 동료 병사가 말한 것으로 바뀌고 있
다.「매미의 추억」은 사실에 근거한 언어적 발화에 적극적이었고
'위안부'의 실체에 더욱 다가가려 했던 작품이기에 아마도 처음
'매미'가 된 듯한 느낌을 말한 것은 "나"가 아니라 '구멍 동서'인 전
우의 표현이었을 것으로 생각된다.

다) 전쟁과 수치심

후루야마의 수치심은 한층 복잡한 측면이 있는데, 1977-78년의
수필과 여행기 등을 수록한『타인의 아픔(他人の痛み)』(1979)의「전우
회」(『新潮』, 1977.4)에 나오는 수치심 관련 내용을 살펴보자. 후루야마
가 일본의 전쟁과 조선인 '위안부'에 대해 어떻게 생각했는지 알
수 있는 내용이기에 조금 길지만 인용하기로 한다.

동양의 맹주를 자칭해 일본이 동남아시아에서 행한 비도덕적인 소업을 말하기 시작하면 끝이 없다. 조선에 대한 비도(非道)의 소업만으로도 말하기 시작하면 한이 없지만 일본이 조선에서 한 사람사냥(人狩り)을 생각하면, 나는 괴로운 마음이 된다. 그것은 내 정의의 감정이라기보다는 수치의 감정인 듯하다. 전쟁 중 사람사냥을 한 나라는 일본뿐만이 아닐지도 모르지만, 그렇다고 해서 마음이 편해지지 않는다. 게다가 우리나라에서는 사람사냥을 정신대 입대 등이라고 한다. 정신(挺身)이라든가 황화(皇化)라든가 팔굉일우(八紘一宇)와 같은 종류의 말이 우리나라에서는 터무니없이 만들어진다.

그리고 말이 있으면 안도하는 성질은 우리 민족성의 현저한 한 특징이 아닌가 생각된다. 다른 나라에서도 다른 민족에도 그러한 것은 얼마간은 있겠지만 우리나라에서는 이상하게 너무 많다고 나는 생각한다. (p.22)

전쟁 중에 일본 관헌은 조선의 여성을 정신대원으로 징용했다. 위안부로서 사람사냥을 한다고는 정말이지 말할 수 없었지만 정신대원으로서 징용이라고 하면 어떤 안도가 얻어졌던 것이 아닐까. 우리나라는 일일이 그러한 짓을 하기 때문에 같은 일본인으로서, 나의 수치는 증폭된다. 그러한 방식은 민주주의가 되어도 끝난 것이 아니다. 지금도 여전히 이어지고 있다고 나에게는 생각된다. ……현인신을 인간 천황이라고 말해 안도한다. 기원절을 건국기념일이라고 개칭하면 봉건주의가 민주주의가 되는 듯한 느낌이 들어 안도한다. ……전우회에서는 물론 이러한 말을 화제로 올릴 수 없다. 수치 이야기 등을 하는 분위기가 아니다. 운이다, 운이다, 스즈란은 미인이었지 같은 이야기만 내내 할 수밖에 없다. 그리고 그것으로 괜찮다. 30년 만에 옛친구를 만날 수 있고 그러한 이야기를 할 수 있었던 것만으로 괜찮다.   (pp.23-24)

후루야마는 후에 「깃발로 안도(幟で安堵)」라는 제목으로 개제된 「전우회」라는 에세이에서 '수치심'에 대한 이야기를 길게 쓰고 있다. 전우회에 나가면 그곳에 모인 전우들이 '위안부' 중 누가 예뻤다 등의 이야기를 했다고 한다.[16] '수치심'에 대한 이야기를 할 상황이 아니고 "운이다, 스즈란은 미인이었지 같은 이야기만 내내 할 수밖에 없다. 그리고 그것으로 괜찮다." 고 한다. 하지만 그것도 일종의 솔직한 병사의 발화라 할 수 있을 것이다. 후루야마가 소설을 통해 서술하는 것은 전우회 내부에서는 할 수 없었던 이야기, 수치심과 '위안부'의 그 후 같은 개인적일 수밖에 없는 경험을 개인의 외부로 발신하려는 시도였던 것으로 생각된다.

처음에 딱한 사람들에 대해 생각하고 있었는데 어느 사이엔가 수치스러웠던 것을 추억해내고 있었다.[17]

위 자전적 에세이에서 불쌍함은 수치와 연결되는데 이 감정은 전쟁에서 경험한 '위안부'에 대한 연민이 병사 자신(후루야마)의 수치심으로 전화되는 것을 의미하는 것으로 보인다.

이러한 개인적인 수치심은 일본이 일으킨 아시아 태평양전쟁에

---

16 古山高麗雄(1979)『他人の痛み』, 東京:中央公論社, p.24.
17 古山高麗雄(1978.8)「他人の痛み」『すばる』, p.67.

대한 국가로서의 수치심이 밑바탕에 있었다는 것을 아래 인용문을
통해 알 수 있다. '수치심'과 '가해자'로서의 감정이 병존하고 있다.

> 나는 태평양전쟁이 일본의 치욕인 것을 분명히 인식하고 싶다.
> …… 나는 태평양전쟁을 일본의 수치라고 생각하고 있다. ……지지 않
> 았다면 일본은 자국의 수치를 돌아보려고조차 하지 않았을 것이다.
> 그 전쟁에서 죽은 일본인은 300만 명이나 되지만 우리들은 피해자로
> 서 전쟁의 비참함을 말할 뿐만 아니라, 가해자로서 치욕을 곱씹어야
> 한다. …… 대일본제국은 수치스러워해야 할 가해자였던 것이다. [18]

90년대에 들어 '위안부 문제'를 접하게 된 이후, '위안부'를 회상
하는 후루야마의 방식은 변화를 보인다. 1982년에 발표된『단작전』
에서는 주먹밥을 나눠 준 '위안부'에 대한 회고, 그리고 그들을 방
치했다는 사실, 포로수용소에서 전장에서 일본군이 버린 '위안부'
들과 마주치게 되는 과정이 병사의 시선에서 매우 담백하게 그려
졌다.[19] 주먹밥을 건네주는 '위안부'의 이미지는 심미적이기까지
하다. 90년대 이후 소설은 그러한 상상에 머물던 '위안부'의 노후
를 궁금해하고 있다. 그는 '위안부' 지원 운동을 "정의의 부인단
체"[20]라고 표현하는 등, 반드시 긍정적으로만 바라보지 않았다. 그
런데 그가 위와 같은 일을 소설화한 것은 '위안부' 문제의 '문제화'

18　古山高麗雄(1982)『兵隊蟻が歩いた』(문고판), 東京: 文藝春秋, pp.169-170.
19　古山高麗雄(2003)『断作戦戦争文学三部作1』(문고판), 東京:文藝春秋, pp.295-
　　296.
20　古山高麗雄(2004)「セミの追憶」『二十三の戦争短編小説』, p.504.

를 의식한 결과였을 것이다. 일본인 '위안부' 피해자가 90년대 이후 운동의 흐름 속에서 증언에 나설 수 없었던 이유는, 증언에 나설 수 있는 조건들이 일본 사회에 부재했기 때문이다. 후루야마는 그러한 조건을 완전히 무시했지만 90년대 이후에 증언에 나서지 않은 일본인 '위안부'를 소설화 하고 있는 것이다. 물론 정치적/역사적 맥락에서 탈각된 채, 개인적 관심에 머문 방식이긴 하다.

4. 맺음말

1991년 한국에서 '위안부' 문제를 고발하기 전 일본 사회는 전쟁 전 '위안부' 제도의 성립과정이 고려되지 않는 채(인신매매나 공창제도 등), '위안부' 문제는 문제라기보다 개인적 불행에 속한 것이며 국가 범죄로 보지 않았다. 그것이 '조선인 위안부' 문제의 부상을 계기로 해서 가시화되었다.

후루야마 소설 속 전시 하 '황군' 병사에게 일종의 환경과 같이 인식되고 있던 일본군 '위안부'는 1991년 '위안부 문제'가 공론화한 후 발표된 소설 「매미의 추억」에서는 동시대를 공유하는 '그녀' '그녀들'로 재인식된다. 특히, 국제적인 '위안부' 문제 제기를 통한 인식의 변화가 있었기에 조선인 '위안부'와 전우들의 이름을 기억의 한도 내에서 실명으로 언급하고 그들의 전후와 삶의 그림자에 접근하려고 했다고 할 수 있다. 이러한 전쟁 중 체험한 '위안부'의 모습을 언어화하는 것은 문학적 측면에서의 일본의 '수치'와 '가해자성'에 대한 재확인이며 전쟁 기록이었다고 할 수 있다. 특히, '수치심'이라는 감정은 후루야마와 그의 전쟁 사소설 속 병사의 행동을 이해할 수 있는 중요한 키워드였다.

후루야마는 정치적 불철저함을 흔히 비판받지만, 세상과의 '거리 두기'는 그의 삶을 관통하는 자세였다. 그는 전쟁을 직시하고 일본군 '위안부' 문제를 언어화함으로써 일본 사회의 '가해자성'을 드러내고자 했다고도 볼 수 있다.

'운'을 자주 언급한 것 등은 일본 특유의 체념적 사고의 반영이며 한 개인이 극한 상황에서 어쩔 수 없이 집단의 공범자가 되는 사실을 자조적으로 표현한 것으로 볼 수 있다. 그러나 후루야마가 성적인 학대가 단지 한 여인에게만 국한된 재앙이라기보다 제국주의 일본의 식민지 지배에 의해 구조적으로 생겨난 여성의 수난이라는 점을 철저히 하지 않았다는 점은 비판적으로 봐야 할 것이다.

| 참고문헌 |

古山高麗雄(1974)『蟻の自由』, 文藝春秋.

_____(1979)『他人の痛み』, 中央公論社.

_____(1982)『兵隊蟻が歩いた』(문고판), 東京:文藝春秋.

_____(2001)『反時代的、反教養的、反叙情的』, ベスト新書.

_____(2003)『断作戦　戦争文学三部作1』(문고판), 文藝春秋.

_____(2004)『二十三の戦争短編小説』(문고판), 文藝春秋.

_____(2005)『妻の部屋』(문고판), 文藝春秋.

安岡章太郎(1991)『僕の昭和史1』(문고판), 講談社.

吉見義明(1995)『従軍慰安婦』, 岩波書店.

「戦争と女性への暴力」リサーチ・アクションセンター編(2014)『「慰安婦」バッシングを越えて』, 大月書店.

歴史学研究会日本史研究会編(2015)『「慰安婦」問題を/から考える―軍事性暴力と日常世界』, 岩波書店.

노영희(2012)「후루야마 고마오의『매미의 추억』연구」『일어일문학연구』제80집.

박유하(2013)『제국의 위안부』, 뿌리와 이파리.

손지연(2015)「전쟁체험의 (사)소설적 재현과 일본군 '위안부' 표상－후루야마 고마오의 소설 텍스트를 중심으로」『한일군사문화연구』제19집.

이원희(2009)「후루야마 고마오와 조선」『일본어문학』제46집.

제6장

피폭여성문학자
하야시 교코(林京子)의 원폭문학
원폭의 범죄성(정치권력)에 대항하는
서벌턴 여성 피폭자의 침묵과 증언을 중심으로

오 성 숙

1. 머리말 – 히로시마(広島), 나가사키(長崎), 피폭자

2021년 올해는 1945년 히로시마, 나가사키에 원폭이 투하되고 패전을 맞이한 지 76주년이 된다. 1945년 8월 6일 8시 15분 히로시마, 8월 9일 11시 2분 나가사키에는 사상 유례없는 원폭 투하로 각각 21만 명, 14만 명의 사상자가 발생한 것으로 알려져 있다. 76주년을 맞이한 8월 9일, 나가사키시의 평화공원에서는 나가사키 원폭 희생자 위령 평화기념식(長崎原爆犠牲者慰霊平和祈念式典)이 개최되었다. 이 자리에 참석한 스가 요시히데(菅義偉) 총리는 행사에 1분가량 지각하며 피폭자 단체로부터 비판의 목소리[1]를 들었다. 정치권력

과 피폭자 단체와의 미묘한 입장 차가 드러나는 상징적인 장면이
라고 할 수 있다.

　현재에도 히로시마시의 설명에 의하면 사상자 수가 정확하지 않
음을 알 수 있다.

　　원폭 투하 후 여러 기관이 조사를 행했습니다만, 원폭에 의한 사망
　　자 수에 대해서는 현재도 정확하게 알 수 없습니다. 본 시에서는 방사
　　선에 의한 급성 장해(急性障害)가 일단 진정된 1945년 12월 말까지 약
　　14만 명이 사망했다고 추정하고 있습니다. (중략) 또한 일본인뿐만
　　아니라 미국 태생의 일계미국인(日系米国人), 독일인 신부, 동남아시아
　　로부터의 유학생, 그리고 당시 일본의 식민지였던 조선, 대만, 더 나
　　아가 중국대륙에서 온 사람들, 미군 포로 등 다양한 국적의 사람이 있
　　었고, 이러한 분들도 어쩔 수 없이 원폭의 참화에 휩쓸렸습니다.[2]

　히로시마, 나가사키에서 이중 피폭된 야마구치 교(山口彊)는 히로
시마조선소에서 출장 중 피폭되어 7일 오후 열차를 타고 8일 나가
사키에 도착, 9일 다시 피폭되었다. 피폭 당시 거대한 버섯 모양의
구름 사이에 뭉게뭉게 퍼지며 이상한 색채들이 난무하는 광경을
공포라고도 감동이라고도 할 수 없는 황홀경 안에서, 나는 천국이
라고도 지옥이라고도 생각되는 장대하고 신비한 세계에 넋을 잃었

　1　「平和式典に首相が1分遅刻 被爆者らが批判」『共同通信』(2021.08.09)
　2　広島市「死傷者について」https://www.city.hiroshima.lg.jp/soshiki/48/9400.html
　　　(검색일: 2021.2.6)

다[3]고 증언한다.

주고쿠신문사(中国新聞社) 사진부 기자 마쓰시게 요시토(松重美人)는 히로시마 원폭 투하 당일, 히로시마의 주고쿠신문사 일대가 불바다였고, 층층이 시체가 쌓이고 사체들이 흩어져 있었다고 전한다. 폭심지로부터 2.2km 떨어진 미유키바시(御幸橋)에서 요시토가 찍은 한 장의 사진에는 '이 세상 사람들이라고 상상할 수 없는 남녀노소'[4]가 찍혀 있다.

히로시마시에 의하면 폭심지에서 1.2km 내에서는 그날 안에 거의 50%가 사망했다고 한다. 피폭여성문학자 오타의 표현에 의하면 '시체의 거리'였다고 증언한다. 또한 오타는 피폭된 사람들을 '반인간', 하라 다미키는 '괴물'로 표현할 만큼 비인간적인 참담한 상황이 전개되고 있었다.

더 나아가 원폭의 공포는 피폭의 살상력이 뛰어날 뿐만 아니라 생명의 근원적인 회복력·재생력을 빼앗고 유전자에 강한 영향력을 미친다는 점에서 통상 병기와는 전혀 질이 다르다[5]고 할 수 있다. 이러한 위력과 참상의 피해가 유일한 피폭국 일본인 다음으로 조선인 피폭자에게 많았다[6]는 사실은 일본인뿐만 아니라 조선인,

3 山口彊(1965)『原爆ゆるすまじ』, 新日本出版社. 講談社編(1989)「広島長崎での二重被爆」『昭和二万日の全記録』第7巻, 講談社, p.119에서 재인용.
4 国際平和拠点ひろしま構想推進連携事業実行委員会編(2014)『広島の復興経験を生かすために―廃墟からの再生―』平和拠点ひろしま構想推進連携事業実行委員会, p.92.
5 講談社 編(1989), 前掲書, p.120.
6 川口隆行(2003) '朝鮮人被爆者を巡る言説の諸相―九七〇年前後の光景―' http://home.hiroshima-u.ac.jp/bngkkn/hlm-society/ Kawaguchi5. html (검색일: 2021.2.10)
가와구치에 의하면, 일본에는 일본의 한국병탄 이후 재일조선인이 증가하고

그리고 지금도 고통 받는 한일의 원폭피해 2, 3세들의 고통을 가늠할 수 있다. 이들뿐만 아니라 식민지 대만인, 점령지 중국인 그리고 미국인, 독일인에 이르기까지 원폭의 참화에 피해를 입었다는 사실도 확인할 수 있다. 더욱이 피폭자의 다수가 여성이었다[7]는 사실에서, 아시아·태평양전쟁에 출정(出征)한 남성들의 부재와 전쟁을 지원하기 위해 병기공장과 조선소에 근로 동원된 여학생과 여성들의 피해가 극심했다는 점도 상기할 필요가 있다.

본 논문은 하야시 교코(林京子, 1930~2017)의 원폭문학『없는 듯한(無きが如き)』(1981)을 중심으로 역사 속에서 잘 드러나지 않았던 피폭 여성을 재현하고자 한다.

이에 대한 선행연구는 나카노 고지(中野孝次)와 와타나베 스미코(渡邊澄子)가 대표적이다. 나카노 고지는 하야시 교코의 강력한 사적체험을 객관화된 언어로 승화시킨 자립한 문학[8]으로 평가하면서 폄하되었던 원폭문학을 재평가하고 있다. 와타나베 스미코 또한 '원폭의 가타리베(語り部)'로서의 각오를 다진 원폭문학사의 신기원(エポック)을 연 중요한 작품[9]으로 평가하고 있다. 여기에는 개인적인 기록으로 폄하된 원폭문학의 형식에 주목한 연구들이라고 할 수 있다.

1938년 국가총동원법, 국민징용제 등을 식민지 조선에 적용하면서 노동력 증강을 위해 많은 조선인이 강제징용되었다. 여기에는 식민지라는 역사적인 사건과도 맞물려 있다. 1945년 패전 당시 237만 명의 조선인이 일본에 이주하고 있었고, 원폭투하 시 히로시마에는 약 5만 명, 나가사키에도 약 2만 명이 있었다는 사실과 원폭피해자 10명 중 1명은 조선인이었다고 밝히고 있다.

7 関千枝子(1996)『女がヒロシマを語る』, インパクト出版会, p.204.
8 中野孝次(1983)「解説」『日本の原爆文学3 林京子』, ほるぷ出版, pp.406-407.
9 渡邊澄子(2009)『林京子─人と文学』, 勉誠出版, p.83.

하지만 이글에서는 가야트리 스피박(Gayatri Spivak)의 '서벌턴'[10]의 개념에 기초해서 '서벌턴은 말할 수 있는가'와 함께 순데르 라잔이 '서벌턴은 말할 수 없다'를 말의 '부재'가 아닌 말의 '실패'[11]로 규정한 점에 교감하며, 서벌턴 여성 피폭자의 '목소리'에 주목하고자 한다. 따라서 이글에서는 하야시 교코의『없는 듯한』을 통해, 1980년의 원폭 담론과 원폭의 범죄성을 은폐하는 정치권력, 그리고 원폭의 위험성의 풍화에 맞서는 서벌턴 여성 피폭자의 침묵과 증언이 함의하는 바를 논해보고자 한다.

2. 원폭의 위험성과 무해성의 산증인
   – 정치권력에 대항하는 서벌턴 '생존' 피폭자

1980년에는 8월 9일과 관련된 사람들이 눈에 띄게 죽어가고 있다. 특히 70대 피폭자들의 백혈병에 의한 사망이 증가하면서 14세에 피폭된 '여자(女)'는 피폭과 노령, 그리고 급격한 사망률과의 관련성을 우려하면서 '원폭고독노인(原爆孤老)'의 피폭사를 떠올린다. 하지만 '원폭고독노인'뿐만 아니라 여고 동창생 하나코(花子), 삿카

---

10 스피박은 특히 서벌턴 여성들에 주목하고, 서벌턴 여성들이 처해 있는 불평등하고 억압적인 이데올로기적인 구조와 권력 구조 안에서 자신들의 목소리를 낼 수 없는 존재로서 규정한다. 본 연구도 그러한 스피박의 서벌턴 개념을 기초로 하고 있다.
11 순데르 라잔 저·태혜숙 역(2013)「죽음과 서발턴」『서발턴은 말할 수 있는가?』 그린비, p.210.

(属)도 근래 사망했다. 피폭 당시 중증이었던 하나코는 암으로 인해 난소, 다음으로 자궁, 유방 순으로 떼어내고 뼈 전이로 사망했다. 더 나아가 직접 피폭자가 아닌 잔류 방사능에 의한 2차 피해의 사망자들도 꽤 있었다. 이러한 피폭자의 죽음은 '30년이 지나 급격히 증가'(『無きが如き』, p.360)[12]하고 있다.

여자는 오로지 살기만을 바라던 '생존'의 의미를 다시금 되새긴다.

> 여자는 오로지 살기를 바라면서 9일부터 오늘날까지 살아왔다. 여성들의 하루하루야말로 핵무기 폐기의 의미를 증명하는 사실이라고 생각했다. 그 하루하루의 무게를 의심하지 않았다. (중략) 60년간 초목도 싹도 나지 않는다는 소문이 돌았던 피폭지에 풀이 나고, 나무는 가지를 뻗고 있다. 여성들도 살아남았다.　　　　(『無きが如き』, p.349)

'여자'는 피폭에서 자신이 살아남은 이유를 '핵무기 폐기'라는 원폭의 위험성과 범죄성을 고발하는 증인으로의 삶에 그 의미를 부여한다. 그러한 자각에는 시간적, 사회적 풍화와 함께 최근 '군비', '국방', '징병제도의 부활'이 빈번히 언급되면서 '핵무기 폐기'에서 '핵무장론'이 대두되었기 때문이다.

1980년 7월, 일본의 사회학자 시미즈 이쿠타로(清水幾太郎, 1907~1988)는『제군(諸君)!』에「일본이여! 국가가 되라. 핵을 선택(日本よ国家たれ 核の選択)」을 싣고 다음과 같이 피력한다.

12　林京子(1983)「無きが如き」『日本の原爆文学 3 林京子』, ほるぷ出版, p.278. 이하 인용은 소설 제목과 페이지만을 기입한다.

이상하게도 원자폭탄의 문제를 깊게 생각하면 할수록 패전으로 일본이 받은 상흔의 아픔이 슬며시 누그러졌다. 대단한 것을 잃었을 터인데, 무언가를 얻은 듯한 느낌마저 든다. (중략) 핵무기가 중요하고 또한 우리들이 최초 피폭국으로서의 특권을 가지고 있다면 일본이야말로 제일 먼저 핵병기를 제조하고 소유할 특권을 가지고 있지 않은가. 오히려 그것이 상식이지 않은가. 『비핵 3원칙(非核三原則)』을 주장해봐도 전 세계의 누가 알아줄까. 만약 알아준다면 그것을 단순히 일본의 나약함의 고백으로 이해할 것이다.　　(『諸君!』文藝春秋, 1989.07)[13]

1980년은 시미즈 이쿠다로의 해라고도 불린다. 시미즈의 '핵무장론'은 이사하라 신타로(石原新太郎) 등을 비롯해 60년대부터 꾸준히 제기해온 것이 사실이고 크게 다르지 않다. 그럼에도 불구하고 80년에 '핵무장론'은 설득력을 얻고 있었다. 여기에서 보면 30년이 지나 원폭의 상흔이 아물고 있는 상황에서, 지금까지 고수해온 비핵 3원칙[14]은 일본의 나약함을 입증할 뿐이라는 것이다. 이와 맞물려 강한 일본을 위해 핵을 선택해야 함을 주장하고 있다. 이러한 인식에는 8월 6일, 9일이 히로시마, 나가사키 사람들에게는 불행한 일이었지만, 그때는 어쩔 수 없었던 일로 치부하려는 정치권력의

13　山本昭宏(2015) 『核と日本人』, 中央新書, p.162에서 재인용.

14　비핵 3원칙은 1967년 총리 사토 에이사쿠(佐藤榮作)에 의해 천명된 것으로 '핵을 보유하지도, 만들지도, 반입하지도 않는다'는 내용이다. 사토 에이사쿠는 이러한 공로로 1974년 노벨평화상을 수상하기도 한다. 하지만 사토가 당시의 핵을 반입하지도 않는다는 규정은 실수라고 언급한 부분이 최근 문제가 되고 있다.

의지와 오버랩된다. 또한 더 이상의 전쟁을 막은 긍정적인 결과(『無きが如き』, pp.310-311)로 해석하려는 의도도 감지된다. 바로 원폭 투하로 전쟁을 끝낼 수 있었다는 '원폭신화'가 군사 강국, 핵무장론의 이면에 자리잡고 있다. 더 나아가 시미즈는 일본이 사상 초유의 피폭국인 까닭에 핵무장의 특권을 당연시하고 비핵 3원칙은 이제 종말을 고해야 한다고도 주장한다. 2021년 현재에도 총리 후보자들에게 핵잠수함의 보유 검토의 필요성을 물을 만큼 핵은 중요한 쟁점이 되고 있다.

'여자'는 피폭 의사의 이야기로부터, 8월 9일부터 삼십 수년을 살아온 피폭자들이 원폭의 무해설, 즉 원폭이 인체에 영향이 없다는 산증인으로 활용될지 모른다는 불안감에 휩싸인다.

> 피폭자가 지금도 살아있는 사실이 원자폭탄, 핵물질 무해설의 증거가 될지 모른다. 노년 여성의 절실한 아픔이야말로 8월 9일이고 인간의 존속을 바라는 평화기원의 핵심이다.　　　　(『無きが如き』, p.317)

'여자'는 피폭자 건강수첩이 교부되고 6개월마다 진단 결과에 일희일비하면서 삼십몇 년을 겨우 버텨온 삶조차 원폭과 핵에너지 해독제의 증거(『無きが如き』, p.316)로 이용될 수 있다는 점에 한탄한다. '원폭과의 연관성 판정에 신중했던 보고가 영향 관계없음'(『無きが如き』, p.315)으로 오인될 우려에 처해 있다. '여자'의 생존이 원폭의 위험성, 범죄성을 고발하면 할수록 기이하게도 원폭의 무해성, 정당성을 반증하는 의미에서 아포리아적이라고 할 수 있다. 이렇게 볼 때 피폭자는 인류의 생존을 위한 평화의 기원에서 '절대악'을 입증하는 사람들이기도 하고 역으로 부정하는 사람들(『無きが如き』, p.349)이기도 한 것이다.

피폭 당시 나가사키에 퍼진 '60년간의 불모설'은 방사능에 의한 종(種)의 파괴와 함께 고온이 모든 생명을 태워버린 결과라고 할 수 있다. 나가사키병원에서 피폭된 나가이 다카시(永井隆)도 『나가사키의 종(長崎の鐘)』에서 '한여름 무르익은 녹음, 나뭇잎 하나, 풀 한 포기 남기지 않고 벌거벗은 시신들의 완전한 주검의 지옥세계'[15]로 피폭 상황을 묘사하고 있다. 이러한 죽음의 땅을 연상시키는 원폭과 방사능의 영향력은 변형된 식물과 물고기뿐만 아니라 인간에게도 미치고 있었다.

1952년 피폭자 아이들의 기형이 보고되면서 주로 태내 피폭아에게는 소두증(小頭症)이나 지능에 대한 우려가 나타나기 시작한다. 많은 여성 피폭자들은 8월 6일, 9일의 사건으로 끝나지 않았다. 원폭증이 전염병(『無きが如き』, p.308)이라는 소문까지 돌며 어디까지 미칠지 모르는 미지(未知)의 유전적 영향에 생명을 포기하기도 한다.

> 기형의 경우는 태아가 쬔 방사능의 대사량과 태아 발육의 단계에 의해 결정되는 듯하다. 간접적으로 모체의 변화에 의한 이상도 생각할 수 있다. 우리들의 방사능에 의해 생식세포가 변이를 일으켜, 그 결과 기형아가 태어날 가능성도 있다. (중략) 유전적 영향의 불안으

15 永井隆(1963)「長崎の鐘」『昭和戦争文学全集 13 原子爆弾投下下さる』, 集英社, p.146.

로부터 처음 임신한 아이를 낙태해버린 친구도 있었다. 생명의 소중
함을 뼛속까지 알고 있지만 기형을 두려워한 나머지 태어난 아이들
의 생명을 꺾고 만다.   (『無きが如き』, p.339)

'여자'들은 태어난 아이가 정상인지 이상인지의 여부에 따라 자
신의 육체와 생명에 끼친 방사능의 영향력을 가늠하는 기준으로
삼는다. 피폭자 자녀의 건강은 바로 피폭자 자신에게도 건강의 바
로미터가 되기 때문이다.

『없는 듯한』에는 1976년 7월 『마이니치신문(每日新聞)』에 보도된
기사라며, 피폭 2세의 의료비 조성제도를 심의하는 중에 도쿄도 의
원이 질의한 내용을 싣고 있다. 바로 '유전의 문제가 있으니 피폭자
멸절의 방법은 없는가'라는 질의였다. 이는 원폭증에 따른 유전의
영향을 우려한 나머지 자식을 낳지 못하도록 하는 행정지도가 나
라와 도(都)의 재정상 필요(『無きが如き』, p.311)하지 않겠느냐는 취지였
다는 것이다.

여자들의 나라는 부흥과 성장을 계속하고 있다. 더욱 성장하기 위
해 여성들의 존재는 일부의 사람들에게는 눈엣가시일 것이다.

(『無きが如き』, p.349)

생존 피폭자의 존재는 '일본은 충분히 평화'(『無きが如き』, p.308), '원
자력 발전은 안전하다'(『無きが如き』, p.317)는 주장에 걸림돌이 된다. 부
흥과 성장을 위한 핵에너지의 평화적 이용이라는 측면에서 보면

그들은 눈엣가시일 수 있다.

하지만 1979년 3월 28일 미국 펜실베니아주 쓰리마일섬에서 발생한 원자력 발전소 방사능 유출사고는 일본의 원폭에 대한 경각심을 높이는 계기가 되고 있다. '여자'는 피난 명령에 '도대체 어디까지 도망가라는 건가'(『無きが如き』, p.349)라며 방사능의 공포에 무지한 정부를 비웃는다. 더 나아가 1969년 6월 원자력선 '무쓰(むつ)'가 진수(進水)되고 1974년 방사능 유출이 확인된다. 이를 수리하기 위해 나가사키현 주민들의 반대에도 불구하고 사세보에 입항했다.

> 강제입항은 재군비될 경우, 군항으로의 사전공작이라는 소문도 있다. 9일을 내일로 맞이한 거리의 흥분 안에는 의사표시를 해도 받아들이지 않는 사람들의 초조함이 묻어난다. (『無きが如き』, pp.350-351)

1980년 해가 바뀐 시점에서 군비, 국방이 공공연히 논의되면서 가상의 적군을 상정한 재군비, 평화헌법의 개정이 시도되고 있다. 이러한 움직임에 '여자'는 재군비에 의한 국방을 도모하는 정치가와 천황의 나라를 재현하려는 예술가(『無きが如き』, p.352)에 대항하고자 한다.

그러면서 '여자'는 '무쓰'의 위험성, 원폭의 위험성을 내재한 평화가 이른바 인간과 원자력의 공존인가를 묻는다. 이러한 일련의 사건이 매년 8월 9일, 나가사키의 사람들, 일본 각지에서 생활하는 피폭자들, 피폭과 무관하지만 평화를 바라고 찾아오는 세계인들이 나가사키에 모여 지속하는 평화운동을 무색하게 만들고 있다.

특히 1979에는 핵무기 폐기와 세계의 항구적 평화 선언문이 뉴

욕의 UN본부에서 이루어졌다. 히로시마의 평화선언에서는 1979년 3월 28일 미국 펜실베니아주 쓰리마일섬에서 발생한 원자력 발전소 방사능 유출사고를 사례로, '방사능 피폭 문제'를 세계적인 과제로 제기하는 한편, 일본정부에 대한 '핵병기 금지, 군축(軍縮) 추진'을 위한 '국제적 노력'과 '피폭자에 대한 강력한 원호시책'을 요청했다.[16] 여기에는 유사시 대응체제 아래, 군사화, 평화헌법 개정이 국민의 총의로 포장되며 핵무장론이 설득을 얻고 있는 현 상황에 대한 우려를 평화선언에 담은 것이다.

핵무기의 위험성은 넓은 지역으로 서서히 파괴력을 확장하며 시공간을 초월한다는 점이다. 더 나아가 하나코(花子), 삿카(属, さっか)도 '원만하게 착실하게 죽어갔다'는 점에서, 8월 9일은 '생존'한 사람들의 삶의 최후가 고통과 불안 속의 피폭사라고 할 수 있다.

다음은 TV에 출현한 베트남 난민 청년의 발언이다. '하나의 무기를 갖는 것은 최소한 한 인간을 살해하는 행위로 이어진다'면서 아시아인이 일본에 기대하는 행동은 '무력의 증강이 아닌, 평화에 대한 국제 여론을 환기하는 것'이라고 호소한다. '일본은 충분히 평화 국가로서의 신뢰'(『無きが如き』, p.386)를 받고 있기 때문이라는 충고이다. 이에 호응하는 교코의 원폭문학은 정치권력에 대항하여 시공간을 초월하는 원폭의 위험성과 대량학살이 단순히 일본인 피폭자뿐만 아니라 인류의 생존을 위협하는 범죄성을 상기시키는 작업이라고 평가할 수 있다.

---

16 奥田博子(2010)『原爆の記憶―ヒロシマ/ナガサキの思想―』, 慶應義塾大学出版会, pp.184-185.

3. '여자' '가타리베'의 대항서사

　나가사키 피폭자 하야시 교코(林京子)는 1975년 원폭의 자기체험을 소설화한『축제의 장』으로 아쿠타가와상(芥川賞)을 수상한다. 『없는 듯한』에서 자신의 원폭문학을 다음과 같이 밝힌다. '여자는 8월 9일 가타리베(語り部)로 있기를 원한다. 여자는 피폭자이다. 8월 9일을 가능한 범위에서 충실하게 전달하고 싶다'(『無きが如き』, p.278)고 밝히고 있다. '여자'가 '가타리베=증언자'가 되려고 결심한 것은 8월 9일의 풍화를 조금이라도 막고 싶었기 때문이다(『無きが如き』, p.319). 이는 교코의 원폭문학의 지향점을 가늠해 볼 수 있는 구절이다.

　여기에서 주목할 점은 '여자(女)'라는 가타리베이다. 스피박이 '서벌턴은 말할 수 있는가'라는 문제의식에서 주목한 것은 서벌턴 여성이다. 이는 가부장제 아래 이중, 삼중의 억압과 고통을 겪고 있다는 인식에서다. 본 논문에서 고찰하는 서벌턴 여성 피폭자도 일본의 가부장제 아래, 몸과 마음에 새겨진 '원폭'이라는 낙인에 억압되고 침묵 당하는 '없는 듯한' 존재들이다.

　『없는 듯한』에 등장하는 '여자'와 '나'는 동일 인물이다. '나'는 피폭 당시와 그 직후에 등장하지만, 8월 9일을 객관화할 수 없는 피폭자다. 하지만 '여자'는 불필요한 감정(余分な感情)을 억누르며 객관적인 가타리베로서의 역할을 다짐한다. 침묵해온 '나'에서 증언하고 대항하는 '여자'로 거듭나고 있다. '여자'는 사회적 풍화가 진행되는 지금, 여기에 '여분의 감정'을 배제하고 증언하고 있다는 점에서 개인의 체험을 공유 가능한 보편적 문학으로 승화시키는 역

할을 다하고 있다. 교코 문학의 힘을 엿볼 수 있는 대목이다.

이러한 점을 들어, 나카노 고지(中野孝次)는 교코의 원폭문학에 대해, 개인의 체험을 자립한 문학, 객관적 표현으로 순화시킨 점을 높이 평가하고 있다. 더 나아가 인간이 인간에게 행한 최대의 범죄, 인류사상 초유의 대사건, 대학살이 강렬한 개인의 체험을 넘어 인류의 경험이 되도록 언어화함으로써 피폭자와 비피폭자 갭을 메울 수 있었음[17]도 지적하고 있다. 여기에는 1950년대 오타 요코의 원폭체험의 절대성에 기반한 특수한 원폭문학[18]에 대한 비판적 시각을 읽을 수 있다.

'여자'는 처음으로 1963년 나가사키에서 매년 열리는 원폭 희생자 위령제와 평화기원식에 참가한다.

아직 상처가 생생한 1963년쯤, 여자는 처음으로 8월 9일 기원식에 참가해 보았다. 전쟁체험의 풍화가 화제가 되기 시작하고 여자 자신도 8월 9일의 풍화를 다소나마 느끼고 있던 시기였다. 한번 폭심지에 내 몸을 두고 다시 일상을 바라보고 싶었다. 여자는 참가한 8월 9일에 솜사탕 장사가 나와 있는 것을 보고 놀랐다. 폭죽이 터지고 풍선이 공중에 날며 들떠서 시끌벅적한 축제가 된 것을 보고 어안이 벙벙했다. 여자는 나의 8월 9일과는 다르다고 생각했다. 그때로부터 16~7년이 지난 지금 여자는 또한 자신 안에 있는 8월 9일과는 다름을 느끼고 있

---

17 中野孝次(1983), 前揭書, pp.406-407.
18 이와 관련해서는 오성숙(2021) 「미점령기의 '원폭'을 둘러싼 담론, 문학 그리고 정치성-일본여성문학자의 '원폭문학'을 중심으로-」『한일군사문화』 32집, 한일군사문화학회, pp.179-199를 참고하길 바란다.

다. 그러나 이 두 8월 9일의 위화감은 너무 이질적인 것이다. 하나는 풍화이고, 하나는 날조된 열기라고 생각된다. (『無きが如き』, pp.278-279)

1945년 11월 23일, 우라카미 천주당(浦上天主堂)의 불탄 자리에서 열린 최초의 위령제는 원폭 희생자의 명복을 비는 형식을 띠었다. 1948년에는 '문화제', 1951년에는 나가사키 전재 사몰자 위령제(長崎戰災死没者慰霊際)로 진행되었다. 미점령기가 끝나는 1952년에는 '원폭'이라는 두 글자가 추가되면서 현재에는 '나가사키 원폭 희생자 위령 평화기원식(長崎原爆犧牲者慰霊平和祈念式典)'이 행해졌다.

1946년 8월 5일부터 3일에 걸쳐 열린 히로시마 평화부흥제(広島平和復興際)는 '과거 청산' '평화적 재건'으로 부흥 의욕을 집결한 대회이다. 하지만 1947년에는 위령(慰霊)이라는 분위기가 사라지고 가장행렬, 미코시(みこし)와 북, 징을 치는 샤기리(しゃぎり)의 마쓰리로 전락하면서 시민, 참가자들로부터의 비판에 직면했다.[19]

여기에는 원폭이 초래한 참상을 정면에서 논하는 것에 대해 '반점령군적'으로 간주하는 한편, 부흥에 초점을 맞춘 '평화·민주·문화국가'의 건설을 호소하는 점령정책[20]도 한몫했다고 할 수 있다. 초창기 위령제를 공산당이 주도하면서 연합국 최고 사령관 맥아더의 공산당 비난 성명이 잇따라 발표되고, 집회도 원폭도 위험사상으로 간주(『無きが如き』, p.279)되었다. 그러나 평화제가 축제화됨

---

19 石丸紀興(2020)「平和祭・平和記念式典の場所移動と定着過程に関する研究」『広島平和記念資料館資料調査研究会研究報告』16, 広島平和記念資料館資料調査研究会, p.5.
20 国際平和拠点ひろしま構想推進連携事業実行委員会編(2014), 前掲書, p.97.

으로써 점령군도 호의적으로 변했다.[21]

이러한 흐름 가운데, '전재자'가 사라지며 '전쟁체험'의 풍화, 그리고 '원폭체험'의 풍화가 일어나고 있음을 볼 수 있다. 8월 9일로부터 30여 년이 지난 지금 '여자'는 다음과 같은 풍화를 겪고 있다.

> 햄버거의 패티 고기를 후라이팬에 굽는 냄새에 구역질이 났다. 피폭 후 산으로 도망갔을 때 풀의 훈김과 닮아 비린내가 났다. 하지만 30년이 지난 지금은 향기롭다고도 생각되었다.   (『無きが如き』, p.360)

부흥과 성장을 지속하고 있는 일본에서 '여자'는 8월 9일 11시 2분의 섬광을 선명하게 몸으로 기억하고 있다. 8월 9일에 대한 정치적인 날조와 사회적인 풍화뿐만 아니라 자신의 풍화에 대한 자각이 '여자'로 하여금 오로지 살기만을 바라며, 삶을 지탱해왔던 이유를 깨닫기 시작한다. 여기에는 피폭자가 멸절(滅絶)되었을 때 평화운동은 끝나버릴 수 있다는 공포감과 여자들의 평화에 대한 염원이 공중에서 무산(『無きが如き』, p.185)될 위기감에서였다. 더 나아가 본질이 퇴색된 평화기원식이 거대한 평화기원상도 파괴(『無きが如き』, p.402)할 거라는 절망감에서였다.

소설 『없는 듯한』은 원래 '없는 듯한 사람들(無きが如き者たち)'에서 연재 도중에 '없는 듯한'으로 바뀌었다. 여기에는 당연히 잊힌 히로시마, 나가사키의 피폭자를 포함하여 식민지 조선인, 대만인 피

---

21 国際平和拠点広島市 https://hiroshimaforpeace.com/fukkoheiwakenkyu/vol1/1-50/ (검색일: 2021.8.20)

폭자, 점령지 중국인 피폭자 등의 원폭 피해자를 아우르는 말로 인류로까지 확장될 수 있다. 그뿐만 아니라 원폭의 위험성과 범죄성을 은폐시키는 담론과 정치권력에 대항하고자 하는 의식도 엿볼 수 있다. 하지만 '아이러니하게도 목소리를 내는 것으로 여자의 9일은 역으로 풍화를 시작하고 있다'(『無きが如き』, p.319)고 토로한다. 이는 나의 살아남은 산증언자로서의 삶이 역으로 원폭의 무해성을 강조함으로써 원폭의 범죄성을 은폐시키고 있다는 자각을 반영한 것이라고 볼 수 있다.

4. 서벌턴 여성 피폭자(ヒバクシャ)의 침묵과 증언

1980년대 초, 문학자 287명이 '평화를 위해 바로 행동을'이라는 취지 아래 '문학자의 반핵운동'[22]을 추진한다. 이러한 배경에는 1970년대 후반부터 소련이 유럽 대상으로 중거리 핵미사일 배치를 시작하고, 이에 대항하여 1979년 북대평양 조약기구(NATO)가 미국의 신형 중거리 미사일의 유럽 배치를 결정하면서 미소(米ソ)의 핵전쟁에 대한 위기감이 고조[23]되었기 때문이다. '문학자의 반핵운동'은 유럽을 엄습한 핵전쟁의 가능성에 위기감을 느낀 소수의 문학자들의 '서명 요청'에서 시작된 것이다.[24]

22 「平和のためすぐ行動を」『朝日新聞』(1982.1.21)
23 山本昭宏(2015), 前掲書, p.162.
24 黒古一夫(2013) 『文学者の「核・フクシマ論」－吉本隆明・大江健三郎・村上春樹』彩流社, pp.183-184.

　　지구상에는 현재, 모든 생물(全生物)을 반복해서 몇 번이나 말살하고도 남는 핵병기가 축적되어 있습니다. 만약 핵전쟁이 일어나면 그것은 이미 한 나라, 한 지역, 한 대륙의 파괴에 멈추지 않고 지구 그 자체의 파멸을 의미합니다. (중략)

　　인류의 생존을 위하여 우리는 여기에 모든 국가, 인종, 사회체제의 차이, 모든 사상 신조의 상위(相違)를 넘어 핵병기의 폐기를 목적으로 이 새로운 군비확장(軍拡) 경쟁을 바로 중지하라고 각국의 지도자, 책임자에게 호소한다. 동시에 비핵 3원칙의 준수를 일본정부에 요구한다. (후략) 1982년 1월[25]

　　1982년 1월, 오에 겐자부로(大江健三郎), 오다 마코토(小田実), 이토 나리히코(伊藤成彦) 등 '반핵문학자회(反核文学者の会)'가 추축이 되어 핵전쟁의 위기를 호소하는 문학자의 성명을 발표한다. 한편,『일본의 원폭문학(日本の原爆文学)』(전집 15권) 출판을 결정한다. 편집자 곤도 베네딕트(近藤ベネディクト)에 의하면, 출판에 앞서 1983년 6월부터 반핵문학회의 간행기념 문예강연회가 개최되고, 많은 기록영화의 상영도 함께 이루어졌다고 한다. 이 강연은『반핵―문학자는 호소한다(反核―文学者は訴える)』로 간행되었다. 출판 당시 천 권의 판매를 기대했던 반핵·반전·평화에 대한 관심은 6천 세트의 전집이 예약되며 큰 호응을 불러일으켰다.[26] 더 나아가『일본의 원폭문학』이 만 천

25　核戦争の危機を訴える文学者の声明(1983)『日本の原爆文学 15 評論/エッセイ』, ほるぷ出版, p.524.
26　近藤ベネディク(2012)「元編集者が残す『日本の原爆文学』全一五巻の記録」『原爆文学研究』11, 花書院, p.150・152.

세트가 인쇄되어 반년 만에 거의 판매되는 경이적인 기록[27]을 세웠다. 이는 원폭에 대한 위기감이 핵의 평화 이용에도 불구하고 그 위력을 떨치고 있음을 알 수 있다.

하야시 교코의『없는 듯한』은 이러한 핵시대의 위기감 그리고 원폭체험의 풍화에 따른 원폭(핵)의 위험성과 범죄성에 경종을 울리고 있다. 교코에 앞서, 피폭 직후 피폭여성작가 오타 요코(大田洋子, 1906~1963)의『시체의 거리』(1948),『반인간』(1954)에는 요코를 연상케 하는 '나'와 '아쓰코'가 증언자로서 등장한다. 이들은 처음에는 말하고 싶은/ 말해야 하는/ 말할 수 없는/ 침묵하고픈 하지만 말하지 않을 수 없는 서벌턴 여성 피폭자[28]다. 자신들의 증언이 묵살되는 말의 '실패'를 경험한 피폭자이다. 그녀들의 8월 6일은 개인의 고통과 절망을 표현하는 '개인의 문제'로서 치부되었다. 하지만 교코의 원폭문학은 앞서 언급했듯이 '여자' 가타리베를 강조하면서 피폭 후 원폭의 위험성과 범죄성을 상기시키는 한편 '인류의 공동의 문제'로서 제기하고 있다.

『없는 듯한』에서 '나'의 친구들은 누구도 8월 9일에 대해 떠올리는 것을 거부한다.

그 당시 우리들은 필요 이상으로 타인의 문제에 깊숙이 들어가지 않았다. 일상의 잡담에서라도 묻는 와중에 9일의 이야기로 이어진다. 타인의 9일을 묻는 것으로 우리들은 자신의 9일을 말해야 한다. 말하

---

27 川口隆行(2012)「解題」『原爆文学研究』11, 花書院, p.165.
28 오성숙(2021), 앞의 논문, p.195.

고 싶지 않은 것이 많이 있다. 그리고 화제는 육체의 불안으로 이어진다. 타인의 상처를 감싸기보다 우리는 자신의 9일과 불안을 없애기 위해 되도록 화제를 피했다. (『無きが如き』, p.302)

'우리들은 누구도 말하지 않았다'(『無きが如き』, p.303). 9일의 섬광과 공포는 뇌리에서 번뜩이고 있지만, 서로 공유하고 있는 고통에 대해서는 '침묵'하고 있었다. 동급생 중에 하루코는 피폭되지 않았다. 9일 감기를 이유로 병기공장에 출근하지 않은 까닭이다. 그 때문에 피폭사한 친구의 어머니로부터 우리 딸은 '나라를 위하여 열심이었다'(『無きが如き』, p.330)는 말도 들었다. 하루코는 있어야 할 곳에 우연히 없었다는 이유로 피폭자가 아닌 사람들에게까지 비난을 받는 상황에 직면한 가운데, 하루코 자신도 동급생들에게 대한 '치명적인 열등감'을 내면화하고 있었다. 그런 탓에 원폭의 가해자 미군 바브(バッブ)와 온리(オンリー)²⁹ 관계를 맺은 것도 '일본인으로부터 떨어져 있고 싶었던 의식했던 행위'(『無きが如き』, p.330)인 것이다. 이러한 일본인으로부터의 도피가 원폭의 가해자 미군의 품이었다는 사실은 더욱 아이러니컬하다. 비피폭자 하루코에게는 피폭자의 육체적인 고통에서는 벗어났지만 고통을 공유하지 않은 자책과 괴로움이 열등감으로 자리잡고 있었다.

이들은 나가사키를 벗어나면 8월 9일은 문제가 된다. '나'와 '하나코', '하루코'는 취직을 원하지만 쉽지 않았다. 의례적으로 면접

---

29 특정 미군과 관계를 맺는 거리의 창녀(街娼)를 말한다.

에서 출신이 물어지고 '나가사키'라는 이유로 '원폭의 때는 어디에?'(『無きが如き』, p.376)라는 질문을 받는다. 순간적으로 공장을 쉬었다는 대답으로 얼버무린다. 호의적인 태도에 희망을 걸어 보지만 면접이나 채용에서 거부당하기 일쑤였다. 면접시험의 실패가 거듭되면서 타인이 받아들이지 못하는 무언가가 자신들에게 있음을 깨닫게 된다(『無きが如き』, p.376). 이러한 나가사키의 딸들의 서벌턴적 상황에서 '하루코'와 '하나코'는 미군의 **PX**에서 일하게 된다. 8월 9일의 '나가사키', '원폭'이라는 낙인은 차별을 만들어내고 있었다. 8월 9일은 침묵에 봉해질 수밖에 없었다.

다음은 오에에게 편지를 보낸, 피폭 당시 의대생이었던 마쓰자카 요시타카(松坂義孝)의 글이다.

> 죽음에 직면할 때까지 히로시마 사람은 침묵하고 싶어합니다. 자신의 삶과 죽음을 자신의 것으로 하고 싶어합니다. 원폭 반대 또는 그러한 정치투쟁을 위한 참고자료로 자신의 비참함이 내세워지는 걸 원치 않으며, 피폭자라고 해서 으레 적선을 바라고 있는 것처럼 보이지 않았으면 하는 심정이 있습니다. (중략) 거의 모든 사상가와 문학가들은 침묵해서는 안 된다며 피폭자에게 입을 열도록 권유합니다. 침묵하는 우리들의 심정을 이해하지 못하는 그런 사람들을 우리는 증오합니다. 우리는 8월 6일을 맞이할 수가 없습니다.[30]

---

30 오에 겐자부로 저·이애숙 역(2012)『히로시마 노트』, 삼천리, pp.10-11. 이하 인용은 제목과 페이지만을 기입한다.

> 피폭자는 피폭자라는 심적 부담과 열등감을 극복하고서 보통 사람
> 처럼 자연사할 수는 없는 것일까?   (『히로시마 노트』, p.12)

오에는 피폭자를 히로시마에 대해 침묵할 수 있는 유일한 권리
를 가진 사람들(『히로시마 노트』, p.11)이라고 언급한다. 이는 침묵의 권
리를 인정하는 것이고 침묵도 저항일 수 있음을 내포하고 있다. 그
들은 말할 수도, 침묵할 수도 있는 '반인간' '괴물' '유령'으로 재현
된 서벌턴 피폭자들이다. 요시타카가 언급한 '피폭자라는 심적 부
담과 열등감'이 침묵으로 이어지고 있었다.

원폭의 고통과 차별로 침묵해온 동화작가 오카 노부코(岡信子)는
2021년 8월 10일『아사히신문(朝日新聞)』과의 인터뷰에서, 피폭자를
대표해 증언자로 나서게 된 심경을 말한다. 노부코는 "76년이 지난
지금도 이런 고통 속에 있으며 피폭자라는 마음의 상처를 지니고 살
아왔다"면서 피폭 이야기를 반복하면 할수록 고통스럽다고 한다.

> 패전(終戰) 후는 피폭자에 대한 편견에 시달려 '원폭은 떠올리고 싶
> 지도 않다. 말해도 알아줄 리 없다'라고 생각했다. 15년 전에 죽은 남편,
> 지금은 떨어져 사는 아이 둘에게도 이야기하지 않았다. 당시의 일을 말
> 하게 된 이유는 피폭으로부터 70년 이상 지난 요 몇 년의 일이다. [31]

가족에게도 알리지 못한 피폭자라는 낙인은 편견과 차별을 만들어

---

31 「9日に長崎平和式典92歳被爆者代表「残された務め」」『朝日新聞』(2021.8.10)

냈다. 이러한 편견과 차별, 그리고 지옥도와 같았던 피폭의 비참한 상황에 대한 트라우마는 피폭자들을 침묵하게 했다. 이러한 침묵을 깨는 데 70년 이상의 시간이 필요했다. 하지만 '남겨진 자의 사명'을 깨달으며 인생 마지막 여정으로 8월 9일의 증언대에 서고 있었다. 노부코는 '이러한 이야기를 말하고 들어주는 사람들이 있으니 조금씩 이야기가 쌓여가면 큰 이야기가 되리라'는 희망도 발견하고 있었다.

2017년 노벨상은 원폭에 대한 관심이 높아진 해라고 할 수 있다. 2017년 12월 10일 국제 N G O '핵무기폐기국제운동(ICAN)'이 노벨평화상을 수상했다. 노벨문학상도 일본계 영국인 나가사키 피폭자 어머니를 둔 가즈오 이시구로(カズオ・イシグロ)가 수상했다.

노벨평화상 수상식 연설자로 나선 히로시마 피폭자 사로 세쓰코(サーロー, 節子)가 있다. 캐나다에 살며 세계 각국에서 원폭을 증언하고 핵폐기를 호소해온 사로 세쓰코는 '핵병기와 인류는 공존할 수 없다', '방사능은 피폭자들의 목숨을 빼앗았다', 피폭자들은 '숨을 거둠으로써 고통에서 해방되었다'라는 하야시 교코의 원폭문학과 맥을 같이 한다.

> 히로시마와 나가사키의 학대행위를 전쟁범죄라고 인정하지 않는 사람들이 있습니다. 그들은 이것이 '정의의 전쟁'을 끝내게 한 '좋은 폭탄'이었다는 프로파간다를 받아들이고 있습니다. 이 신화야말로 오늘까지 계속된 비참한 핵군비 경쟁을 이끌고 있습니다.[32]

---

32 「サーロン節子さん演説全文」『中国新聞』(2017.12.12)

더 나아가 핵무기가 필요악이 아니라 절대악[33]이라는 울림을 주고 있다. 이러한 증언과 원폭문학은 8월 9일을 날조, 은폐해온 '정의의 전쟁''좋은 폭탄'이라는 '원폭신화' 깨기, 더 나아가 핵(원폭)의 범죄성을 분명히 하는 일이다. '생존'피폭자들은 자신이 살아남았다는 죄책감, 그리고 불가사의한 운명 속에서 오랜 세월 침묵을 깨고 8월 6일, 8월 9일을 증언하기에 이른다. '여자'가 말하는 9일에 의해 9일의 의미가 결정되는 두려움(『無きが如き』, p.349)과 중압감 속에서 서벌턴 여성 피폭자는 목소리를 내기 시작했다.

5. 맺음말

본 논문은 하야시 교코의 원폭문학 『없는 듯한』을 중심으로 서벌턴 여성 피폭자의 재현을 통해 침묵과 증언의 의미를 살펴본 것이다. 정리하면 다음과 같다.

첫째, 나가사키의 딸들은 피폭자든 비피폭자든 피폭자의 운명, 나가사키의 운명을 짊어지고 지옥과 같은, 끝나지 않은 8월 9일을 보내고 있다. 이들은 '8월 9일', '나가사키', '원폭'이라는 굴레로부터 사회적 편견과 차별에 시달리며 그날의 참상에 대해 침묵해왔다.

둘째, 서벌턴 피폭자는 원폭의 위험성, 범죄성을 고발하면 할수

---

33 「「核兵器は必要悪ではなく絶対悪」サーロー節子さん」『朝日新聞』(2017.12.10)

록 기이하게도 원폭의 무해성, 정당성을 반증하는 아포리아적 존재로서의 절망감을 느꼈다. 하지만 서벌턴 여성 피폭자들은 살아남았다는 죄책감과 불가사의한 운명 속에서 살아남은 자의 사명을 기억했다. 그리고 오랜 침묵을 깨고 8월 6일, 8월 9일에 대한 목소리를 내기 시작했다.

셋째, 하야시 교코의 원폭문학은 시공간을 넘어 인류의 생존을 위협하는 핵(원폭)의 범죄성을 상기시키는 작업이다. 궁극적으로 교코의 문학은 핵에 우호적인 정치권력에 대한 대항이라고 할 수 있다. 이는 원폭신화 깨기, 전쟁체험의 풍화, 원폭체험의 풍화에 대한 경종이기도 하다.

| 참고문헌 |

순데르 라잔 저·태혜숙 역(2013)「죽음과 서발턴」『서발턴은 말할 수 있는가?』
　　그린비.

오성숙(2021)「미점령기의 '원폭'을 둘러싼 담론, 문학 그리고 정치성 -일본여
　　성문학자의 '원폭문학'을 중심으로-」『한일군사문화』32집, 한일군사문
　　화학회.

오에 겐자부로 저·이애숙 역(2012)『히로시마 노트』삼천리.

石丸紀興(2020)「平和祭・平和記念式典の場所移動と定着過程に関する研究」『広島
　　平和記念資料館資料調査研究会研究報告』16,　広島平和記念資料館資料調
　　査研究会.

奥田博子(2010)『原爆の記憶－ヒロシマ/ナガサキの思想－』, 慶應義塾大学出版会.

川口隆行(2012)「解題」『原爆文学研究』11, 花書院.

黒古一夫(2013)『文学者の「核・フクシマ論」－吉本隆明・大江健三郎・村上春樹』,
　　彩流社.

中野孝次(1983)「解説」『日本の原爆文学 3 林京子』, ほるぷ出版.

永井陸(1963)「長崎の鐘」『昭和戦争文学全集 13 原子爆弾投下下さる』, 集英社.

山本昭宏(2015)『核と日本人』, 中央新書.

渡邊澄子(2009)『林京子一人と文学』, 勉誠出版.

核戦争の危機を訴える文学者の声明(1983)『日本の原爆文学 15 評論/エッセイ』, ほる
　　ぷ出版.

国際平和拠点ひろしま構想推進連携事業実行委員会編 (2014)『広島の復興経験を生
　　かすために－廃墟からの再生－』平和拠点ひろしま構想推進連携事業実行委
　　員会.

講談社 編(1989)『昭和二万日の全記録』第7巻, 講談社.

「平和式典に首相が1分遅刻 被爆者らが批判」『共同通信』(2021.8.09)

「平和のためすぐ行動を」『朝日新聞』(1982.1.21)

「9日に長崎平和式典92歳被爆者代表「残された務め」」『朝日新聞』(2021.8.10)

「サーロン節子さん演説全文」『中国新聞』(2017.12.12)

「「核兵器は必要悪ではなく絶対悪」サーロー節子さん」『朝日新聞』(2017.12.10)

제7장

한일 일용직 노동자 주거공간에서의
사건 사고를 통해 본
주거 빈곤 서벌턴 문제와 그 대책

금 영 진

1. 머리말

한강 변에 즐비하게 늘어선 고급 아파트 단지의 이면에는 감추어진 서울의 민낯을 상징적으로 보여주는, '쪽방'이라 불리는 1평 남짓한 면적의 독특한 주거공간이 있다. 쪽방이란, '지하 방(또는 반지하 방)'과 '옥탑방', 그리고 '고시원'을 합쳐 부르는 말인 '지옥고(地獄苦)'에서조차 밀려난 주거 빈곤층이 거주하는 공간을 부르는 이름으로, 방의 형태를 갖춘 최소한의 마지막 주거형태이다. 말하자면 거리 노숙 직전의 마지노선인 셈이다.

하지만 한여름이면 실내 온도가 37도를 웃도는, 창문도 없는 1평짜리 쪽방의 월세(평균 18만 원)는 서울의 아파트 평당 평균 월세보다 4배 이상 비싸다.[1] 그리고 이 같은 열악한 주거공간에 거주하는 사람들의 대부분은 그 사회의 중심에서 소외된 이른바 서벌턴(Subaltan)[2]이다. 2016년 통계청 보고에 의하면 전국에는 약 1만 1,340명의 노숙인과 6,192명의 쪽방 거주자가 있으며 2015년 보고에 의하면 20만 9,750가구가 고시원 같은 비거주용 건물 내 주택에 거주한다고 한다.[3]

그리고 그중에서도 특히, 인력 시장 주변에 형성된 1평 남짓한 쪽방형 고시원에 홀로 거주하는 사람들은 대개가 중년 이상의 일용직 남성 노동자들이다. 문제는, 인간이 이런 열악한 주거 환경에서 오랜 시간을 보내다 보면, 정신적으로나 육체적으로나 피폐하게 되며 심지어는 생명이 오가는 사건 사고의 피해자 내지는 가해자가 되기 쉽다는 사실이다. 방화 또는 살인이 그 전형적인 경우로

---

1 (쪽방의 평균 임대료는 18만2550원으로 서울 전체 아파트의 평균 평당 월세 3만9400원의 4배를 넘어섰다.) 「[fn스트리트] 문래동 쪽방촌」 『파이낸셜뉴스 20th』사설 칼럼 2020.2.4.
   https://www.fnnews.com/news/20200204171 0065484(검색일: 2020.6.27.)
2 서벌턴의 사전적 의미는 여성이나 노동자, 이주민과 같이 권력의 중심에서 배제되고 억압을 당하는 사람. 또는 그런 무리를 뜻한다. 탈식민주의 학자 가야트리 스피박의 개념으로, 원래는 하위 주체를 의미하나 점차 제3세계 여성 등 권력에서 소외된 다양한 소수 집단, 계층을 포괄하는 개념으로 쓰이게 되었다. 본 연구에서는 그 정의를 보다 넓게 잡아, 빈곤층, 노인, 성 소수자, 장애인, 외국인 등 사회적 약자와 소수 집단 전반을 포괄하는 비 고정적, 상대적인 광의의 개념으로 넓게 사용한다.
3 한국 보건사회연구소 2017년 정책보고서(2017-11) 「2016년도 노숙인 등의 실태조사」 p.153. 및 인구 주택 총조사 [2015년 주택의 종류별 주택-읍면동] 통계조사 결과 참조.2020 인구주택총조사(자료실 → 연도별 조사결과 → 2015년 주택의 종류별 주택–읍면동)
   http://kosis.kr/stat Html/statHtml.do?orgId=101&tblId=DT_1JU1501&vw_cd=&list_id=&seqNo=&lang_mode=ko&language=kor&obj_var_id=&itm_id=&conn_path=I2(검색일: 2020.6.27)

필자는 이러한 사건 사고가 한국뿐 아니라 일본의 일용직 노동자 주거공간에서도 과거 빈번하게 발생하였다는 사실을 알게 되었다.

그리고 여기에서, 비슷한 상황을 겪은 이웃 나라의 사례를 참고하는 것은, 우리 자신의 문제를 해결하는데 있어서도 참고가 될 것으로 기대된다. 구체적으로는 어떤 문제들이 과거 일본의 서벌턴 공간에서 발생하였고 그 원인이 무엇이었는지를 우리와의 비교의 관점에서 살펴보는 것이다.

특히 한국의 경우, 사할린과 군함도 징용 노동자들의 일화나, '함바 식당(공사현장 식당을 의미하는 일본어 한바(飯場)에서 온 표현)'이라는 표현에서도 알 수 있듯이 일본 일용직 노동 현장의 구조와 영향을 많이 받았다. 당연히 일용직 주거공간의 형태나 사건 사고에서도 유사점이 많을 수 있다. 물론 자칫 열악한 주거공간 거주자 전체를 잠재적인 범죄자로 보는 오해가 발생하지 않도록 주의할 필요는 있다. 공간과 사회적 행위 사이에는 다양한 요인이 개입될 수 있기 때문이다. 열악한 공간과 범죄 발생과의 연관성에 대하여 단선적인 인과관계로 보일 여지가 없는지에 대한 고려도 아울러 필요할 것이다.

이에 본고에서는 한국의 쪽방 또는 고시원에 해당하는, 일본의 일용직 노동자 주거공간인 도야가이(ドヤ街)의 간이 숙박소 및 넷 카페에서 과거 발생한 사건 사고에 대해 한일 비교의 관점에서 살펴보았다.[4]

---

4 우리나라의 고시원과 유사한 형태로 일본에는 한 집을 여러 가구로 분리한 쉐어 개념의 탈법 하우스(脫法ハウス)가 있다. 사무실이나 대여 창고로 등록해 놓고 다다미 2, 3장 넓이로 쪼갠 방을 여러 개 만든 경우이다. 하지만 이와 유사한 원룸 불법 쪼개기(하나의 현관 안에 다시 2, 3개의 현관을 설치하여 원룸을 여

2. 한일 일용직 노동자 주거공간

일본에는 도야가이(ドヤ街) 간이 숙박소라는 일용직 노동자들의 주거공간이 있다. 도야가이는 '숙소'를 의미하는 일본어 '야도(宿)'를 거꾸로 뒤집은 은어 '도야(ドヤ)'에다, '거리'를 의미하는 일본어 '가이(街)'를 붙인 것이다. 원래는 땔감 값에 해당하는 숙박 요금(3문)을 지불하고 취사를 본인이 하는 조건으로 묵었던 에도시대의 최하급 여인숙 '기친 야도(木賃宿)'에서 유래하였다고 한다.

도야가이 간이 숙박소는 대개 다다미 3장(약 1.5평) 넓이의 1인 주거공간으로 오늘날 도쿄(東京)의 산야(山谷)와 요코하마(横浜)의 고토부키 초(寿町), 그리고 오사카(大阪)의 니시나리(西成) 아이린 지구가 3대 도야가이로 꼽힌다. 도야가이에는 '요세바(寄せ場)'라 불리는 인력 시장이 있는데 그 주변으로 일용직 노동자들이 거주할 수 있게 만든 간이 숙박소가 산재한다.

1945년 패전 이후부터 거품경제가 무너지기 전인 1990년대 초까지만 하더라도 일본의 건설경기는 호황이었기에 도야가이 간이 숙박소는 늘 만실이었다. 일용직 노동자들은 새벽 4시에서 5시 무렵이면 인력사무소가 있는 요세바로 모여들어 차를 타고 공사현장으로 썰물처럼 **빠져나갔다가** 저녁때가 되면 다시 밀물처럼 돌아왔다.

러 개로 쪼갠 방)가 우리나라에도 있으며 방의 넓이나 월세가 쪽방 고시원보다는 상대적으로 높기에 주거 빈곤 상태라고 보기는 어렵다. 이에 본고에서는 이러한 형태의 주거공간은 연구대상에서 제외하였다. 坂庭国晴(2014)「「脱法」ハウスの現状と課題:求められる具体的住宅政策」『建設政策』(156), 建設政策研究所, pp.32-35.

한편, 일본의 거품경제가 무너지면서 90년대 후반 들어 노동시
장에서 밀려나기 시작한 나이 든 일용직 남성 노동자들이 하나둘
씩 도야가이 주변의 공원이나 역 등에서 노숙을 하기 시작했다. 일
명 홈리스(homeless)라 불리는 노숙자 문제가 발생한 것이다. 일이 매
일같이 있었던 시기에는 받아 온 일당으로 방값을 얼마든지 낼 수
있었지만 일을 나가지 못하면서 그것이 더는 불가능해진 것이다.
노숙자(홈리스)들에게 공원을 점령당한 지역주민들은 눈살을 찌푸
렸고 구청에서는 이들이 공원 벤치에 누워 잘 수 없도록 벤치 중간
에 팔걸이를 설치하는 지경에 이르렀다. 그리고 이때 도심의 역과
공원, 그리고 하천 변에 본격적으로 등장한 것이 바로 노숙자의 파
란색 움막형 텐트이다.

한편 일본에서는 종래의 도야가이 간이 숙박소를 대신하는 새로
운 형태의 일용직 노동자 주거공간이 2000년대 들어 나타나게 된
다. 바로 넷 카페(ネットカフェ)이다. 넷 카페는 인터넷 카페(또는 사이버 카
페)의 줄임말로, 우리가 흔히 생각하는 인터넷 사이트의 블로그나
카페의 의미는 아니다. 시간당 사용 요금(대도시의 경우 시간당 평균 300엔
전후)을 지불하였을 시 그 요금에 상응하는 시간 만큼 인터넷(그 외 비
디오와 만화) 이용이 가능한, 누울 수 있는 소파 의자가 놓인 0.5평 정
도의 공간을 말한다. 칸막이가 없는 오픈실과 사방이 베니어판 칸
막이로 가려져 있는 개인실의 두 가지 형태가 있으며 신발을 벗을
수 있는 다다미방 형태의 개인실도 있다.

2000년대 초반 들어 생기기 시작한 일본의 넷 카페는, 종래의 만
가깃사(漫画喫茶－차나 음료수를 제공하는 24시간 만화방)에 새로이 인터넷 이

용이 가능한 PC방과 비디오방이 결합한 형태라 보면 된다. 원래는 가정에서의 인터넷 연결이 어려운 사람이나 출력 목적, 또는 여행자가 일시적으로 이용하기 위한 시설이었으나 시간당 요금만 내면 24시간 얼마든지 이용 가능하다는 점에서 지금은 다음날까지 취침 가능한 숙박 기능이 주가 되었다. 참고로 넷 카페나 만가깃사와 같은 형태의 주거공간을 우리나라에서는 비 숙박 다중 이용 업소라 부르는데 PC방, 만화방, 사우나, 찜질방 등이 이에 해당한다.

　일본에서는 2000년대 이후 넷 카페를 야간 시간대에 숙박 내지는 장기체재 주거공간으로 이용하는 일용직 노동자가 점차 늘게 되었는데 이들을 일본에서는 '넷 카페 난민'이라 부른다. 그리고 이들이 등장하게 된 배경에는 파견법 시행이 있다. 1986년에 파견법이 제정되면서 일본의 기업들은 1987년 시행 시기부터 점차 정규직보다는 파견 노동자를 고용하게 되었고 1996년과 1999년, 그리고 2000년과 2004년, 2006년에 연이어 개정 완화된 파견법에 따라 교통비를 지급하지 않아도 되는 그들을 하루 단위로 필요한 때만 얼마든지 고용할 수 있게 되었다.[5] 그리고 그 결과물이 바로 넷 카페 난민의 발생이다. 원하지 않는 실직으로 인해 일일 파견 노동자가 될 수밖에 없었던 그들은 곧 정주할 주거공간을 상실하게 되는데 도쿄에서만 현재 약 4,000명이 넘는 것으로 알려져 있다.[6]

5　파견법 시행 이후 20년간 파견 노동 등록자 300만 명에 상용환산 파견 노동자 200만 명이라는 결과가 나타났다. 30일 이내 고용과 해고가 가능한 규제 완화 덕분이었다. 水野有香(2012)「日本における派遣労働」『社会政策』第四巻第二号, 社会政策学会, pp.107-108.

6　(公的な統計によると、日本は他の先進国に比べホームレスの割合が低い。ただ、東

넷 카페의 경우, 패키지 요금으로 대개 2500엔~3500엔을 내면 24시간을 머물 수 있고 도쿄 등 대도시에서는 1개월 장기체재 패키지 요금이 약 7만 엔 전후이다. 말하자면 도쿄 변두리의 부엌과 화장실, 그리고 조그만 방이 딸린 허름한 목조 아파트의 1층 방의 한 달 월세 정도인 셈이다. 그렇다면 차라리 7만 엔의 월세를 내고 목조 아파트에서 사는 게 낫지 않냐고 할지 모르겠지만 그것은 이들이 고용이 불안정한 일일 파견 노동자임을 모르고 하는 소리이다.

이들은 다음날 일할 장소가 정해지면 이른 새벽 시간대에 미리 집합장소까지 이동하여야 한다. 하지만 가령 도쿄 변두리 끝에 위치한 자신의 집에서 아무리 첫차를 타고 빨리 이동하더라도 반대편에 위치한 신주쿠(新宿)역이나 시부야(渋谷)역 주변의 집합장소로 새벽 집합시간까지 여러 번 환승하여 제때 도착하기는 무리이다.

다음날 자신이 어디에서 어떤 일을 하게 될지 매번 불확실한 일일 파견 노동자가 그래서 어쩔 수 없이 하는 선택이 바로 전날 저녁에 집합장소 근처로 미리 이동하여 넷 카페에서 하룻밤을 자는 것

京では4000人以上が「ネットカフェ難民」となり、ネットカフェで暮らしている。)「東京や大阪、「ネットカフェ難民」の居場所確保が急務」『NEWS JAPAN』2020.4.13. https://www.bbc.com/japanese/52266214(검색일: 2020.6.27) 참고로, 2016년 말 2017년 초에 행해진 동경도의 비숙박 다중 이용시설 야간 상시 이용자는 3만 명 이상이라는 잠정 수치가 나왔다. 502개 점포 중 응답한 222개 점포에서 약 1만 5300명이 부정기적으로 밤을 지새우며 5,100명은 아예 장기거주 단골이다. 응답하지 않은 점포까지 합하면 그 2배 이상은 충분히 나올 것으로 추산된다. 「住居喪失不安定就労者等の実態に関する調査」の結果2018年01月26日/東京都福祉保健局(トップページ > 都政情報 > 報道発表 > これまでの報道発表 > 報道発表／平成30年(2018年) > 1月 > 「住居喪失不安定就労者等の実態に関する調査」の結果) https://www.metro.tokyo.lg.jp/tosei/hodohappyo/press/2018/01/26/14.html (검색일: 2020.6.27)

이다. 일일 파견 노동자라는 불확실한 고용상태와 이른 집합시간
은 이들에게 이동시간과 접근성, 집이 멀어 일을 놓치고 마는 손익
계산 사이에서 안정적인 주거공간을 단념토록 만들었다. 고정적인
월급이 아닌 불안정한 일급을 받는 일일 파견 노동자에게는 월세
방도 사치인 것이다.

그리고 이와 유사한 일용직 노동자 주거공간 문제는 한국에서도
발생한다. 서울 남구로역 일대는 수도권 최대라 불리는 건설인력시
장이 있는 곳으로 이곳에서는 매일 새벽 4시에서 6시 사이에 인간 시
장이 선다. 평균 연령이 50세 이상인 일용직 노동자들이 적을 때는
수백 명에서 많게는 수천 명 매일같이 이곳으로 쏟아져 나온다.[7] 그
리고 그들 중 상당수는 남보다 먼저 인력 시장에 나와 일자리를 잡기
위해 역 주변의 1평짜리 쪽방 고시원(월세는 20만 원 내외)에 거주한다.

이곳에 주거를 얻지 못한 사람들은 대개 인근 대림동의 쪽방 고
시원에 거주하게 되는데 그 이유는 새벽 4시 30분에 남구로역에 도
착하는 버스(첫차)를 이용할 수 있기 때문이다. 그러나 5시 반까지
일자리를 구하지 못하면 그때부터 그들은 다시 고시원으로 돌아가
야만 한다. 현장에서는 아무래도 젊은 사람이나 중국 조선족 등 값
싼 외국인 노동자를 선호하기에 특별한 기술이 없는 60대 이상은

---

7 (교통정리를 하러 나왔다는 경찰에게 다가가 물으니 "매일 이곳을 찾는 사람의
수를 적게는 700명에서 많게는 1,000명 정도로 추산한다."고 말했다. 건설근로
자공제회가 발간한 '2017년 퇴직 공제 통계연보'에 따르면, 지난해 하루라도
퇴직 공제가입 건설 현장에서 일한 적 있는 근로자는 139만 명이며 이 중 50대
이상은 72만 9718명(52.2%)으로 전체의 절반을 넘겼다.)[현장 르포] 「새벽 인
력 시장을 가다. 늘어가는 건설 현장… 빈틈 메우는 외국인 근로자」 『국토 매일』
2018.2.21. http://www.pmnews.co.kr/53598(검색일: 2020.6.27)

밀리기 일쑤이다. 일자리가 무조건 선착순은 아닌 것이다.

그리고 일용직 노동자로서 더는 현장에 나갈 수 없어 생활보호를 받게 된 6, 70대 이상의 독거노인들은 인력사무소와 상관없는 서울 시내 5대 쪽방촌[8]으로 거처를 옮기게 된다. 매일 새벽 일을 찾아 인력 시장으로 나가는 쪽방형 고시원의 일용직 노동자들과는 달리 이들은 방 밖으로 나오지 않아도 아무도 신경 쓰지 않으며 여기에서 독거노인 고독사와 같은 새로운 문제가 발생하기도 한다. 그리고 이러한 열악한 주거공간에서 살아가야 하는 일용직 노동자들은 점차 정신적, 육체적으로도 건강이 좀먹어가는 상황에 놓이게 되며 원치 않는 사건 사고에 휘말리게 된다.

3. 사건 사고

주거 빈곤 서벌턴들이 사건 사고에 취약한 것은 당연한데 이들

---

8 서울 동자동, 돈의동, 창신동, 중림동, 문래동 등 서울 시내 5대 쪽방촌에 3296명의 거주자가 있다. 「[fn스트리트] 문래동 쪽방촌」 『파이낸셜 뉴스 20th』 사설 칼럼 2020.2.4. https://www.fnnews.com/news/202002041710065484(접속일: 2020.6.27) 중림동과 문대동 대신에 남대문로 5가와 영등포동을 넣기도 한다. 원래는 집창촌이었으나 성매매가 금지되면서 점차 주거 전용공간으로 바뀌었다. 금천구와 구로구의 가리봉동과 가산동에도 비슷한 형태의 주거공간이 있으나, 그곳은 주로 구로 공단 등에서 일하는 중국 조선족 동포들을 위해 새로 형성된 공간이다. 일명 벌집촌(주택 1층과 2층을 분리하여 외부 계단을 별도로 설치)이라고 부른다. 「주민 100% 재정착 추진하는 영등포 쪽방촌 개발, '꿈'은 이뤄질까」 『한국경제 매거진』 제1264호, 2020.2.19. https://magazine.hankyung.com/business/article/202002170126400201(검색일: 2020.6.27)

이 희생제물이 되고 마는 대표적인 경우가 바로 화재로 인한 인명 피해이며 그중에는 방화로 인한 경우가 적지 않다. 문제는 고시원 의 미로같은 거주 공간 특성상 유일한 탈출구가 막히면 한 번의 방 화 화재에도 많은 인명피해가 발생한다는 사실이다.

2015년 5월 17일 새벽 2시 10분경, 가나가와현(神奈川県) 가와사키 시(川崎市)의 한 간이 숙박소 현관에서 방화로 추정되는 화재가 발생 하였다. 불은 순식간에 이웃한 간이 숙박소로 옮겨붙었고 결국 11명 사망, 17명 부상이라는 끔찍한 결과를 낳고 말았는데, 피해자의 9할 은 생활보호를 받으며 간이 숙박소에서 장기체재를 하고 있던 주 거 빈곤 서벌턴이었다. 가와사키 소방서의 화재 감식결과가 맞다 면, 방화범은 해당 숙박소와 분명 연관이 있는 인물이었을 가능성 이 크다.[9]

또, 2008년 10월 1일 새벽 3시에 발생한 오사카 비디오방 방화 사건은 25명의 피해자(사망 16명, 부상 9명)를 낸 충격적인 사건이었는 데 희생자의 대부분은 주거가 없는 일용직 노동자 또는 실업자였 다. 피해자 25명에다 무사히 탈출한 3명을 합하면 사건 당시 총 32개 의 방이 거의 만실 상태였다는 것을 알 수 있다.

오랜 기간 실직 상태였던 방화범 오가와 가즈히로(小川和弘 당시 46세, 생활보호 대상자)는 범행 당일 새벽, 누군가가 화장실에서 대변보느라 용쓰는 소리와 옆방 남자의 신음소리를 들으며 희망이 없는 자신 의 삶에 그만 자포자기하게 되었다고 한다.[10] 소방 설비법 강화로

---

9 「川崎簡宿火災は放火。ガソリンか、成分確認消防調査」『神奈川新聞』社会 2016.2.2. https://www.kanaloco.jp/article/entry-70849.html (검색일: 2020.6.27)

그 이후 2015년과 2019년에 발생한 넷 카페 방화사건에서는 다행히 인명피해가 발생하지 않았지만, 안타까운 것은 당시 영문도 모르고 유명을 달리했던 주거 빈곤 서벌턴 16명의 어처구니없는 죽음이다.

그리고 이와 유사한 방화사건은 우리나라에서도 발생하였다. 2014년 3월 19일 오후 10시 30분에 발생한 동대문구 장안동 고시원 방화사건은 월세가 밀린 일용직 노동자 이 씨(당시 50세)가 주인과 말다툼 끝에 격분하여 저지른 일이었다.[11] 또, 2008년 10월 20일 오전 8시에 발생한 서울시 논현동 고시원 방화 살인사건의 경우, 당시 실직 상태였던 방화범 정상진(당시 30세)은 자신의 방에 불을 지른 뒤, 도망쳐 나오는 고시원 거주자들에게 흉기를 마구 휘둘러 6명을 살해하고 7명에게 부상을 입혔다. 2003년 9월부터 고시원에서 거주하기 시작한 정 씨는 2004년 2월경부터 세상 살기가 싫고 다 죽어버렸으면 좋겠다는 생각을 가지고 이미 범행을 생각하고 있었다고 한다. 고시원 생활 반년만의 일이었다.

정 씨가 4년 6개월 전에 생각한 범행을 이때서야 실행하게 된 직접적인 동기는 실직(가게 종업원)으로 인해 고시원비와 휴대폰 요금을 내지 못하고 컵라면 하나로 하루 한 끼를 때우는 생활을 하던 중, 범행 당일 오전에 받을 예정이었던 경찰 조사 때문이었다. 예비군 훈련 불참 벌금 150만 원 장기 미납으로 인한 지명수배 사실이

10 年報・死刑廃止編集委員会(2018)『オウム死刑囚からあなたへ年報・死刑廃止2018』, インパクト出版会, pp.266-270.
11 「홧김에 고시원 방화, 25만원 때문에…」『아시아경제』2014.3.10. https://www.asiae.co.kr/article/2014031009454185534 (검색일: 2020.6.27)

밝혀져 구치소 노역장에 가게 될 것에 대한 자포자기가 묻지마 방화 살인 범행의 도화선이 된 것이다.[12]

주거 빈곤 서벌턴 거주 공간에서 발생하는 화재의 경우, 그 치명률이 평균보다 높다는 점에서 특히 문제가 된다. 2018년도 오사카시 소방통계에 의하면, 24개의 오사카시 행정구 중에서 가장 화재 발생이 많았던 곳은 73건의 니시나리쿠(西成区)였다. 그리고 이는 주간 유동인구가 많아 그만큼 사건 사고가 빈발하는 환락가 밀집 지역인 주오쿠(中央区)의 65건보다도 많은 수치이다.

문제는, 화재로 인해 타버린 면적(燒損床面積(㎡))이 주오쿠가 115제곱 미터인데 반해 니시나리쿠가 그 7배가 넘는 864제곱 미터라는 사실이다. 이 지역이 한 번의 화재에 그만큼 취약하다는 치명률의 반증이기도 하다.[13] 한국의 달동네 비닐하우스나 판자촌이 한 번의 화재에 유독 피해가 큰 것과 같은 것이다.

한편, 1976년까지 일본에서의 화재 원인 1위였던 '담뱃불'이 1977년 이후 42년째 '방화'에 1위 자리를 내주었다는 사실은 한국과 비교되는 일본 사회의 특수한 측면이라 할 수 있다.[14] 왜냐하면 한국에서는 누전 또는 실화로 인한 화재가 압도적으로 많으며 방화는 고작 4%에 불과하기 때문이다.[15] 참고로, 도쿄토(東京都)의 경

12 「'논현동 고시원 방화 살인사건' 발생한 지 10년」,『연합뉴스』2018.10.20.
　　https://www.yna.co.kr/view/AKR20181019153600355(검색일: 2020.6.27)
13 「平成30年 消防年報(統計編)」2020年1月23日 오사카시홈페이지
　　https://www.city.osaka.lg.jp/shobo/page/0000491144.html(검색일: 2020.8.7)
14 「出火原因トップは42年連続で放火　防ぐ方法は」2019/12/07 11:16 ウェザーニュース
　　https://weathernews.jp/s/topics/201912/070055/(검색일: 2020.8.7)
15 「2020년 소방청 통계연보」(2020년 8월 7일 검색) 서울시 소방재난본부는 최근

우 2009년에 1,835건(전체 화재의 32.8%)이었던 방화 건수가 2018년에는 705건 (17.7%)으로 줄었는데, 이는 2009년에 1,655대였던 방범카메라(CC T.V)가 2018년에는 1만 6,959대로 무려 10배 이상 늘어난 것과 무관치 않다.[16]

열악한 일용직 노동자의 주거공간에서는 방화나 화재만으로 끝나지 않는 새로운 문제가 발생하기도 하는데 살인사건이 그중 하나이다. 2011년 6월 12일 요코하마(橫浜) 고토부키초(寿町)의 한 간이 숙박소에서는 64세의 장기 거주자가 평소 사이가 나빴던 옆방에 거주하던 65세 거주자를 흉기로 찔렀으나 살인미수에 그친 사건이 발생하였다.[17] 또, 2015년 12월 30일에는 도쿄토 산야(山谷) 니혼즈쓰미(日本堤)의 한 간이 숙박소에서 61세 거주자가 40대 지인을 살해하는 사건이 발생하였다.[18]

3년간 숙박형 고시원에 대한 화재통계를 분석 발표했다. 최근 3년간(2017년~2019년) 고시원에서 발생한 화재 건수는 총 144건으로, 25명의(사망8, 부상17) 인명피해가 발생했다. 화재 원인별로 부주의 97건(67%), 전기적 요인 27건(19%), 방화의심 6건(4.2%), 기타 14건(9.7%)를 차지했다. 숙박형 고시원에 대한 화재통계 분석 발표ㅣ총괄보도국
http://www.nfa.go.kr/nfa/releaseinformation/statisticalinformation/ main/

16 出火原因別火災状況 PDFファイル(21.7MB)47ページ「都内の放火火災の推移状況 2009年~2018年」
https://www.tfd.metro.tokyo.lg.jp/ hp-cyousaka/kasaijittai/h30/index.html
(검색일: 2020.8.7)

17 「簡易宿泊所の隣人を刺す、殺人未遂の疑いで無職の男を逮捕/横浜」『神奈川新聞』社会2011.6.13. https://www.kanaloco.jp/article/entry-89853.html (검색일: 2020.6.27)

18 「東京都台東区の簡易宿泊所で殺人事件61歳無職男が知人男性刺す」『Christian today』2015.12.30.
https://www.christiantoday.co.jp/articles/18384/20151230/tokyo-taitoku-nihondutsumi-murder.htm (검색일: 2020.6.27)

그리고 이와 비슷한 판박이 사건은 한국의 일용직 노동자 주거 공간에서도 역시 발생하였다. 2015년 10월 13일에는 서울 신림동의 한 고시원에 거주하던 30대 거주자가 60대 이웃 거주자를 살해하는 사건이 발생하였다.[19] 그리고 2016년 8월 21일에는 안산시 단원구의 한 고시원에서 40대 총무가 공동규칙을 지키지 않고 비누와 휴지를 낭비하는 70대 거주자를 흉기로 찌르고는 투신자살하는 사건이 발생하였다.[20] 또 2019년 4월 26일에는 성동구의 한 고시원에서 전자발찌 부착 출소자(40세)가 고시원 총무와 언쟁 중 총무의 편을 드는 이웃 거주자를 살해하는 사건이 벌어졌다.[21] 그리고 이 모든 사건은 같은 공간에 거주하는 이웃 간에 벌어진 사건들이었다. 가해자도 피해자도 모두 주거 빈곤 서벌턴들이었던 것이다.

도야가이 간이 숙박소와 넷 카페에서 발생한 방화 또는 살인사건의 경우, 주거 빈곤 서벌턴의 실업으로 인한 자포자기와 분노, 쌓인 스트레스가 주원인이었으며 이점 한국의 고시원도 크게 다르지 않았다. 심신이 건강한 정상적인 사람들도 오래 있으면 참고 버티기 힘든 비좁고 밀폐된 1평짜리 주거공간(옆방 소음에 여름엔 덥고 겨울엔

---

19 「신림동 고시원 살인사건 '1.2평짜리 섬'의 비극」, 『한겨레』 2015.10.26.
   http://www.hani.co.kr/arti/society/society_general/714542.html(검색일: 2020.6.27)
20 「고시원 총무, 말다툼하던 70대 투숙자 찌르고 투신(종합)」, 『연합뉴스』 2016.8.1.
   https://www.yna.co.kr/view/AKR20160801107051061?input=1195m(검색일: 2020.6.27)
21 「'성동구 고시원 살인사건' 피의자, 첫 재판서 "심신미약, 우발범행" 주장」, 『조선일보』 2019.6.13.
   http://news.chosun.com/site/data/html_dir/2019/06/13/2019061301139.html(검색일: 2020.6.27)

춥기까지 하다)에서 가뜩이나 심신이 피폐한 그들이 얼마나 빠르게 정신적으로 병들어갔을지는 달리 설명이 필요 없을 것이다. 특히, 이러한 서벌턴 거주 공간에서의 살인사건은 소음 분쟁과 관련된 경우가 많다.

예를 들어, 2019년 10월 20일에는 도쿄 기요가와(清川)의 한 간이 숙박소에서 76세 장기 거주자가 67세의 이웃 방 거주자를 소음 분쟁 끝에 살해하는 사건이 발생하였다.[22] 또 2018년 5월 17일 오후 8시 20분경에는, 나고야시(名古屋市) 나카쿠(中区)의 한 만가깃사에서 주거가 일정치 않은 22세 무직 청년이 한 칸 건너 이웃 방의 일면식도 없는 35세 남성을 소음 분쟁 끝에 살해하는 사건이 발생하였다.[23] 천정이 뚫려 있는 하코베야(箱部屋) 구조인 넷 카페의 격실은 베니어판 격벽 너머 사방으로부터 소리가 크게 들리기에 소음에 그만큼 취약하다는 특성이 있다.

한국의 쪽방 고시원도 상황이 비슷하긴 마찬가지이다. 2016년 4월 6일 11시 40분쯤 서울 광진구 자양동의 한 고시텔에서는 문 닫는 소리가 시끄럽다는 이유로 64세 거주자가 48세 이웃 거주자를 살해하는 사건이 발생하였다.[24] 또 2019년 5월 14일 오후 6시 45분

---

22 「宿泊所で首切られ男性死亡殺人未遂容疑で入所者逮捕」『産経新聞』社会, 2019.10.20.
　　https://www.sankei.com/affairs/news/191020/afr1910200038-n1.html(검색일: 2020.6.27)

23 「漫画喫茶殺人、騒音巡りトラブルか　名古屋」
　　https://www.sankei.com/west/news/180518/wst1805180043-n1.html(검색일: 2020.8.9)

24 「고시원 '칼부림'으로 1명 살해… 소음 문제로 다투다 범행」
　　https://moneys.mt.co.kr/news/mwView.php?no=2016040717538078571(검

쯤, 서울시 금천구 가산동의 한 고시원에서는 30대 중국동포가 소음 문제로 옆방의 50대 중국동포를 살해하는 사건이 발생하였다. 범인이 해당 고시원에 기거한 지 10일 만의 일이었다.[25] 그리고 2020년 6월 13일 새벽 1시쯤, 경기도 부천의 한 고시원에서는 옆방 거주자의 혼잣말 소리에 잠을 이루지 못한 50대 거주자가 소음 분쟁 끝에 흉기를 휘둘러 구속되는 사건이 발생하였다.[26] 고시원에서는 이른 새벽에 옆방에서 울리는 알람 소리나 스마트폰 진동 소리, 통화 소리가 소음 분쟁의 주요 원인이 되기도 한다. 이러한 공간에서 장기간 거주하는 사람들의 경우 소음에 특히 더 민감해져 신경이 날카로웠을 것은 미루어 짐작이 간다.

소음은 비단 일용직 노동자만의 문제는 아니다. 하지만 좁은 공간에 장시간 격리되었을 때 인간이 그 소음에 훨씬 예민해질 수밖에 없는 것은 분명한 사실이다. 당장 2020년 상반기만 하더라도 많은 이들이 코로나로 인해 재택근무를 하거나 집에 갇혀 지내는 일이 늘었는데 그 결과 이웃과의 소음 분쟁이 도쿄토(東京都)에서만 2019년 대비 3할 가까이 늘었다. 3월과 4월, 도쿄토에서 이웃과의 소음 분쟁으로 걸려 온 경찰 신고 전화가 2만 4,245건이었는데, 이는 전년 같은 기간의 1만 8,864건보다 무려 28.5%나 늘어난 수치

색일: 2020.8.9)

25 「'묻지마 살인' 중국동포 4시간 전 고시원 이웃도 살해했다」
https://www.hankookilbo.com/News/Read/201905201271086484(검색일: 2020.8.9)

26 「"잠이나 쳐 자라" 고시원 소음에 흉기 휘두른 50대 징역형」
https://www.news1.kr/articles/?4020365(검색일: 2020.8.9)

인 것이다.[27] 인간이 좁고 답답한 공간에 갇혀 장기간에 걸쳐 스트레스를 받으면 소음에 훨씬 예민해지는 것은 분명해 보인다. 더구나 코로나로 인한 일용직 노동자들의 실직 및 고립상태의 장기화는 소음 분쟁의 발생을 더욱 증가시켰고 심각한 경우에는 살인사건으로 발전하기도 하였다.

실제로 2020년 5월 4일 저녁 8시경, 도쿄토 아다치쿠(足立区)에서는 홀로 고립된 생활(히키코모리(ひきこもり)라고 한다)을 해오던 60세 무직 남성이 노부모를 방문하러 온 아들 부부의 어린아이가 내는 이웃집 소음에 이성을 잃고 아이의 아버지인 38세 남성을 살해하는 사건이 발생하였다.[28]

그리고 유사한 사건이 한국에서도 발생할 뻔했다. 2020년 6월 20일 오후 6시 40분쯤, 서울 구로구 개봉동의 한 어린이 공원에서 낮술에 취한 54세 무직 남성이 아이들 노는 소리가 시끄럽다는 이유로 13세 초등학생에게 킥보드를 집어 던지며 폭력을 휘두르는 사건이 발생한 것이다. 도망치는 아이를 뒤쫓던 남성을 막아서려던 주변의 성인들에게 남성은 흉기를 들이대고 난동을 부린 끝에 결국 체포, 구속되었다.[29]

---

27 「騒音トラブル、通報3割近く増加　　コロナの在宅疲れか、殺人事件も」『共同通信』 2020年5月20日 https://www.47news.jp/4828742.html(검색일: 2020.8.9)

28 「我慢の限界だった」……足立区・巣ごもり殺人「子どもがうるさい」と隣人は父を刺した 『文春オンライン』2020.5.26. https://news.yahoo.co.jp/articles/d8d5b37a19faf4f235b3e8e06427a5ddb3e1 1397(검색일: 2020.6.27)

29 「공원에서 초등학생 무차별 폭행·흉기 난동 벌인 50대 구속」『YTN News』 2020.6.25.　https://www.ytn.co.kr/_ln/0103_202006250444213574(검색일: 2020.6.27)

대개는 놀이터에서 아이들이 뛰놀고 떠드는 소리를 특별히 시끄럽다고 여기지는 않는 것이 일반적이다. 하지만 불면증 환자에게는 위층의 거실 발걸음 소리도 유난히 크게 들리듯이 범인이 평소 자신의 주거공간에서 이미 충분히 소음에 예민해져 있었다고 한다면 이야기는 달라진다. 개봉동 옆에는 가리봉동과 가산동 등 쪽방 밀집지가 있고 그 옆으로 중국동포와 일용직 노동자들이 밀집 거주하는 대림동과 남구로역이 위치한다. 범인이 그 일대의 열악한 주거공간에 거주하는 주거 빈곤 서벌턴일 가능성이 매우 크지만 이런 사건이 발생하면 특정 지역의 주민을 배척하는 정서마저 커질 우려가 있다.[30] 주거 빈곤 서벌턴 개인의 문제가 점차 계층 대립과 지역 차별 등의 사회문제로까지 발전될 소지가 있는 것이다.

4. 일본의 사례와 우리의 대책

도야가이 간이 숙박소와 넷 카페의 열악한 주거 환경 문제는 시간이 흐르면 흐를수록 악화할 수밖에 없는 속성을 지니고 있다. 왜냐하면 이들 공간에 장기 거주하는 사람 대부분이 노동시장에서 가장 먼저 도태되기 쉬운 일용직 남성 노동자들이기 때문이다. 노

---

30 대림동 중국동포 밀집 거주지를 우범지역으로 묘사한 영화『청년 경찰』제작사가 최근 법원의 화해 권고에 따라 집단 소송 원고들에게 사과는 했지만, 주거 빈곤 서벌턴이 열악한 특정 주거 시설이나 지역으로 과도하게 밀집되면 범죄율이 당연히 올라가게 되고 이는 해당 지역에 거주하는 주거 빈곤 서벌턴에 대한 막연한 공포와 혐오를 조장하는 결과로 이어지게 되는 것이다.

동시장에서는 취업에 유리한 성별과 연령이, 젊은 여성>젊은 남성>나이 든 여성>나이 든 남성 순이며 실업은 그 역순이다. 일용직 남성 노동자의 입지는 나이를 먹어갈수록 좁아질 수밖에 없으며 이러한 현실은 그들의 고립상태를 더욱 심화시키고 주거 환경을 악화시킨다. 도야가이 간이 숙박소나 넷 카페에서의 사건 사고는 계속 발생할 수밖에 없는 구조적 문제인 것이다. 그리고 이는 한국의 쪽방과 고시원도 예외는 아니다.

시라하세 다쓰야(白波瀬 達也)씨의 연구에 의하면, 1960년 무렵까지 오사카 니시나리 아이린 지구는 빈곤 여성과 어린아이들이 주로 거주하던 슬럼가였다고 한다. 그 이후 건설경기의 호황에 힘입어 1990년 무렵에는 일용직 남성 노동자가 지역 전체 인구의 85%를 차지하게 되었지만 거품경제 붕괴 이후 점차 지역 인구가 줄게 되고, 2010년경에는 아이린 지구 인구의 약 3분의 2를 고령의 독거 노인들이 차지하게 되었다고 한다. 물론 그중 상당수는 실업 상태의 생활보호 대상자이다.[31]

그리고 1992년 10월, 오사카시 갱생상담소에서는 건강상의 이유로 실업 상태에 빠지게 된 아이린 지구 일용직 노동자들에게 긴급원호금을 지급하려 하였으나 예상외로 신청자가 많아 지급을 중지하는 바람에 제23차 폭동이 발생하기도 하였다.[32] 이에 오사카시

---

31 白波瀬 達也(2017)「特集論文: 貧困問題＞貧困地域の再開発をめぐるジレンマ：あいりん地区の事例から」『人間福祉学研究』10巻1号, 関西学院大学 pp.79-90.

32 니시나리 지역에서는 일용직 노동자가 택시에 치인 사건의 처리에 불만이 폭발한 1961년 8월의 제1차 폭동을 시작으로 음식점 요금지불 문제로 일용직 노동자가 경찰에 연행된 데 대해 불만을 품은 2008년 6월의 24차 폭동까지 48년간

는 니시나리의 늘어나는 노숙자 문제를 해결하기 위하여 2000년에는 임시야간 긴급피난소를 개설하고 취로를 지원하는 자립 지원 센터를 개설하기도 하였다.

한편, 2000년대 들어서 이들이 빠져나간 도야가이 간이 숙박소의 공실을 대신 채운 것이 바로 외국인 배낭 여행족, 즉 백패커(backpacker)였다. 2002년 한일 공동 월드컵 개최로 세계 각국의 배낭 여행족이 일본으로 몰려들었고 값싼 게스트하우스에서 묵는 것이 너무나도 당연한 그들에게 1박 요금 2000엔(최근에는 3000엔대) 전후인 도야가이의 간이 숙박소는 입소문을 타며 인기를 끌었던 것이다. 여행자용 게스트하우스를 검색하다 보면 이렇게 값싼 게스트하우스가 있나 싶을 정도의 요금을 내건 곳이 있는데 그 위치가 도쿄의 산야나 요코하마의 고토부키초, 그리고 오사카의 니시나리라면 도야가이의 간이 숙박소가 호텔로 간판만 바꿔 단 것이라고 보면 거의 틀림이 없다.

2020년 현재, 일본의 도야가이에서는 종래의 각종 범죄와 폭동뿐만 아니라 일용직 노동자에서 생활보호 대상자가 된 독거노인들의 고독사(자살 포함)가 새로운 사회문제로 부상하고 있으며 이는 곧 우리에게 닥칠 문제이기도 하다. 방 개폐 장치가 매일 작동하는지 체크를 하거나, 지역 자원봉사자들이 찾아와 방문을 두드려 짧은

총 24번의 일용직 노동자 폭동이 발생하였다. 그리고 오사카시의 긴급원호금 지급 중단과 관련하여 발생한 것이 제23차 폭동이다. 「西成暴動」出典:フリー百科 事典『ウィキペディア(Wikipedia)』
https://ja.wikipedia.org/wiki/%E8%A5%BF%E6%88%90%E6%9A%B4%E5%8 B%95(검색일: 2020.8.5)

대화를 나누는 식으로 고독사를 예방하고는 있지만, 사람과의 만남을 회피하고 스스로 고립되어 버리는 사람이 적지 않은 것 또한 사실이다.

그리고 여기에서 필자는 주거 빈곤 서벌턴의 당면한 문제 해결에 있어서 우선은 주거공간의 면적확장을 위시한 일련의 환경개선을 제안하고자 한다. 미국을 대표하는 건축평론가인 세라 윌리엄스 골드 헤이건의 견해를 빌리자면, "사람에게 중립적인 공간이란 없으며 지금 머무는 공간은 우리에게 좋은 쪽이든 나쁜 쪽이든 반드시 영향을 준다."라고 지적한 바 있다. 또, 수술 후 녹지가 보이는 병실에 머문 환자가 벽돌이 보이는 병실에 머문 환자보다 고통을 덜 느끼고 더 빠르게 회복한다는 사실이나, 시골에서 자란 아이들의 정서가 좋은 이유, 천장이 높은 곳에서 창의력이 샘솟는 이유, 수업을 받았던 교실에서 시험을 보면 결과가 좋게 나오는 이유 등, 그동안 '은연중 그럴 것'이라고 믿었던 것들이 실제로 그렇다는 사실을 지적한 바 있다.[33]

그리고 여기에서 자연스럽게, 창문도 없고 천장은 낮은, 벽만 바라보아야 하는 1평 면적의 협소한 고시원 쪽방 공간이 주거 빈곤 서벌턴의 심신에 어떤 악영향을 끼쳤을지 충분히 짐작할 수 있게 된다. 일이 잘 안 풀릴 때는 방 청소라도 하며 자신에게 조금이라도 나쁜 영향을 주고 있는 환경을 개선하려는 시도가 필요한 것처럼, 거주환경 개선이야말로 주거 빈곤 서벌턴 자신들을 악순환의 굴레에

---

33 세라 W. 골드 헤이건(2019) 윤제원 옮김 『공간혁명 ─ 행복한 삶을 위한 공간 심리학』, 다산 사이언스, pp.1-398.

서 탈출시키는 첫걸음인 것이다. 그리고 여기에서 필자는 거주 공간의 면적과 스트레스와의 상관관계에 특히 주목하였다.

예를 들어 2017년 살충제 계란 파동 이후 도입된 동물복지란 등급은 1제곱 미터(0.3평)의 공간에서 9마리 이하의 닭을 키운 경우에만 부여된다.[34] 집단 사육의 경우, 닭 한 마리당 닭장 케이지 면적이 A4 한 장 넓이(가로 21cm, 세로 30cm)보다도 좁은, 가로 20cm, 세로 25cm이다.

이렇게 하면 1제곱 미터의 공간에 20마리까지 사육할 수 있으며, 육용 10호 닭의 경우 1제곱 미터의 공간에 마리 당 가로 16cm 세로 16cm로 최대 39마리까지 사육이 가능하다. 그리고 이 경우 닭은 날개를 마음껏 펼치지 못해 무척 스트레스를 받는다. 사람으로 치자면 두 다리 쭉 뻗고 잤다가 아침에 기지개를 켜야 하는데 그러지 못한다는 의미이다. 집단 사육 닭장의 좁은 케이지는 말하자면 닭 세계의 고시원 쪽방인 셈이다.

1제곱 미터의 공간에서 39마리가 실내 사육된 경우의 닭의 스트레스 및 계란의 상태가 9마리 이하가 실외에서 방목된 경우보다 훨씬 나쁠 것은 자명하다. 마찬가지로 1평짜리 쪽방에 거주하는 주거 빈곤 서벌턴의 스트레스를 일반적인 인간의 그것과 비교하는 것 자체가 무의미하다. 닭에게도 사육공간의 복지 및 최소한의 주거

---

34 (동물 복지란은 농림축산식품부의 산란계 동물복지 인증을 받은 것으로, 농장에서 ㎡당 9마리 이하로 사육밀도를 유지하고 닭의 기본적인 욕구를 충족시킬 수 있도록 계사 내에 횃대를 설치하는 등 140여 개의 까다로운 기준을 충족시켜야 하는 친환경 계란이다.)「"귀하게 자란 달걀이 맛도 좋다"…롯데마트·백화점, 동물복지란 수요 증가」『뉴데일리 경제』 2019.7.22.
http://biz.newdaily.co.kr/site/ data/html/2019/07/22/201907 2200019.html (검색일: 2020.6.27)

공간이 필요하듯 인간에게도 최소한의 주거공간은 필요하다고 본다. 최저 임금제가 필요한 것처럼 최저 주거 공간제 역시 필요한 것이다.

　그리고 사실 우리나라에는 이미 그러한 기준이 있다. 국토부가 2000년도에 공시한 1인 가구 최저 주거 기준(총 주거면적 14㎡(4.2평))이 그러하다. 하지만 이는 현실을 모르고 하는 소리로 법으로 강제하기 어려운 것이 사실이다. 1평이라는 '현실'과 4.2평이라는 '이상' 사이의 괴리에 대한 고민과 타협이 필요한 것이다.[35]

　2019년 11월 2일, 서울중앙지법 민사26 단독 오민석 부장 판사는, 구치소 및 교도소 수용자의 1인당 면적이 2제곱 미터(0.6평, 성인한 명이 누울 수 있는 넓이)에 미달하는 과밀수용이 기본인권의 침해라는 재소자의 소송에 대하여 원고 일부 승소를 인정하고 국가가 원고에게 400만 원을 배상하도록 판결했다.[36]

35　국토교통부가 발표한 '2019년 주거실태조사'를 보면 최저 주거기준 미달 가구가 2018년 5.7%(111만 가구)에서 2019년 5.3%(106만 가구)로 줄었다. 2016년 5.4%, 2017년 5.9% 등 올라가던 상승세가 꺾였다. 여전히 100만 가구 이상이 최저 주거기준에도 못 미치는 환경에서 살고 있지만, 5만 가구는 1년 사이 최저 주거기준에서 벗어났다. 최소한 5만 명 이상이 한 뼘이라도 넓은 주택으로 1년 새 옮겨갔다는 얘기다. 지하 · 반지하 · 옥탑방 거주 가구도 2018년 1.9%(37만 6000가구)에서 2019년 1.3%(26만5000가구)로 줄었다. 관련 조사 이후 최저 수준이다. 2016년엔 3.1%였다. 최저 주거기준이란 무엇일까. 헌법이 규정한 '쾌적한 주거생활'의 최소 조건을 국가가 하위법령에서 정해놓은 것이다. 현재 1인 가구의 경우 최저 주거기준은 14㎡(약 4.2평)이다. 2인 가구는 26㎡(약 7.8 평)이다. 「0.4%p에 숨은 희망…최저 주거기준 미달 가구 '개선'」 http://www.sisajournal.com/news/articleView.html? idxno=201527(검색일: 2020.8.9)

36　(헌법재판소에서는 유엔권고기준인 2.58제곱 미터를 제시했으나 4만8천명 정원인 우리나라 교정시설에는 현재 5만 5천 명 이상이 수감 중이다.) 「정부 '닭장교도소' 소송전 연패…혈세 부담↑」 『한국경제』 2019.11.4.

이 판결은 인간의 거주 공간이 갖춰야 할 최소한의 면적이 적어도 누울 수 있는 2제곱 미터 이상은 되어야 한다는 최저 주거공간 면적의 법률적 근거가 된다. 하지만 0.6평이나 1평이나 인간에게 스트레스를 주는 협소한 주거면적이라는 사실에는 큰 변함이 없다. 사람이 죽어 관에 들어갈 때는 몸을 누일 수 있는 공간만 있어도 되지만 살아 움직일 때는 절대 그럴 수 없기 때문이다.

그렇다면 주건 빈곤 서벌턴에게 요구되는 최저 주거공간은 과연 몇 평이 적당할까? 만족스럽지는 않지만, 필자는 현실적으로 보았을 때, 당장에는 2평이 그 타협선이라고 생각한다. 현재 대한민국의 고시원 쪽방 중 당장 개선이 시급한 것이 바로 1평짜리 쪽방으로, 우선 칸막이만 제거하고 2개의 방을 하나로 합치기만 해도 약 2평 넓이가 확보된다. 이렇게 하면 고시원의 밀집도를 절반으로 크게 떨어뜨릴 수 있으며 아침마다 되풀이되는 고시원 공용 화장실 전쟁도 어느 정도 해소할 수 있게 된다. 물론 격벽 간 방음 공사가 수반되어야 하며 창문과 비상구 설치가 병행되어야 한다.

2평 미만의 쪽방은 법으로 규제하되 반대로 2평 이상을 확보한 고시원의 경우 방 2개를 하나로 합치는 확장 및 격벽 방음 공사 비용을 국가가 보조해 주고 냉난방 시설을 가동하는 여름과 겨울에는 전기요금을 감면해주는 조치가 필요하다고 본다. 확장공사로 인해 줄어드는 고시원 업주의 수입은 보조금으로 보전하는 방법이 있다. 즉, 공영 버스제처럼 공영 고시원제를 도입하는 것이다. 고시

https://www.hankyung.com/society/article/2019110435231(검색일: 2020.6.27)

원 수요가 많은 지역에서는 정부가 건물을 매입 또는 대여하여 고시원을 위탁 운영하는 방법도 생각해 볼 필요가 있다.

또 2평 이상의 방 면적을 확보한 고시원의 경우 방값이 밀리거나 내지 않고 도망치는 거주자들에 대한 보증 보험을 국가가 대신 들어주는 방법도 있다. 또 고시원에 거주하는 여성들을 위한 여성 전용 고시원을 국가가 매입하여 운영하는 것도 아울러 고려할 필요가 있을 것이다. 고시원 거주 여성들은 주거 빈곤 서벌턴 중에서도 이중으로 고립된 '을' 중의 '을'이기 때문이다.

그리고 무엇보다 출소자(특히 고위험군)가 출소한 당일 밤에 교도소 징벌방을 연상시키는 1평짜리 고시원 쪽방으로 흘러 들어가는 것은 막을 필요가 있다. 예를 들어, 우리나라에서는 다른 재소자에게 위해를 가할 위험성이 높은 수형자는 분류심사를 통해 따로 분리시켜 수형 생활을 하도록 하는데 그 방식을 참고할 필요가 있는 것이다. 고시원 공동생활에서 문제를 일으킬 소지가 있는 고위험군 출소자들의 경우, 출소 후 일정 기간 머물 수 있는 보호 관찰관이 담당하는 사법형 개인홈(출소자 회복센터)에서 거주할 수 있도록 하는 대책이 필요하다고 본다.

성동구 고시원 살인범은 수형 기간 10년 동안 총 37회의 징벌 처분을 받은 재범 위험성 23점(12점 이상이면 높음)의 고위험군이었다.[37] 범인은 얼마 전 1심에서 징역 25년을 선고받았지만 65세가 되어

---

37 「이웃 살해 뒤 전자발찌 끊고 도주 30대 징역 25년」, 『동아일보』 사회면 2019.8.29. https://www.donga.com/news/Society/article/all/20190829/97177875/1 (검색일: 2020.6.27)

만기 출소를 하더라도 고시원에 들어가게 되면 또다시 사건을 일으킬 위험성이 크다고 할 수 있다. 10년간 수감 생활을 하고 나온 그는 열악한 쪽방형 고시원에서 거주하다 고시원 총무와의 말다툼 끝에 결국 살인사건을 저질렀고 그가 25년을 살고 다시 나오더라도 이러한 쪽방형 고시원에서 장기거주하게 된다면 결과는 역시 마찬가지일 것이기 때문이다.

이러한 고위험군이 열악한 고시원으로 그냥 흘러 들어가는 것을 방치하는 것은 더운 여름날 뜨거운 뙤약볕 아래 주차된 차량에 라이터를 놓아두는 것과도 같다. 보호 관찰관이 담당하는 사법 개인 홈에 대한 사회적 관심과 아이디어가 필요한 때이다.

5. 맺음말

예전에는 홍수가 나면 상습침수 저지대의 반지하 방에 거주하는 주거 빈곤 서벌턴들이 떨었고, 화재가 나면 다닥다닥 붙은 판자촌이나 비닐하우스 달동네에 거주하는 주거 빈곤 서벌턴들이 떨었다. 그리고 이번 코로나 사태로 직격탄을 맞고 실업 상태에 내몰린 사람들 역시 고시원이나 쪽방에 거주하는 주거 빈곤 서벌턴들이 많았다. 문제는 과거의 주거 빈곤 서벌턴 거주 공간에서는 서로 상부상조하는 공생과 상생의 공동체적 이웃 관계가 형성되어 있었지만, 현재의 한일 양국 일용직 노동자 주거공간의 경우, 형태만 공동 거주일 뿐으로 사실상 이웃과 고립된 독거 상태이거나 심지어는 적대적인 이웃 관계가 형성되는 경우가 많다는 사실이다.

과거 민주화 운동 당시 투옥되었던 한 민주 인사는 더운 여름날 경찰이 의도적으로 비좁은 유치장에 수십 명을 몰아넣었을 때, 자신과 밀착되어 뜨거운 열기를 내뿜는 동지의 몸뚱이에 대해 더할 수 없는 혐오와 분노를 느낀 적이 있노라고 고백한 바 있다. 이러한 불편한 감정은 우리가 지옥철을 탔을 때 누구나가 한 번쯤은 경험해 본 것들이기도 하다. 그리고 바로 지금이야말로 열악한 주거공간에 장기간에 걸쳐 홀로 고립되어 이웃 거주자와의 적대적인 대립 관계에 빠질 수밖에 없는 주거 빈곤 서벌턴의 정신적, 육체적 피폐에 대해 생각해 보아야 하며 이하 본고에서 다룬 서벌턴 주거공간의 문제점 해결에 관한 필자의 생각을 정리하자면 다음과 같다.

먼저, 고시원의 출입문 두 군데 확보와 창문을 반드시 갖춘 2평 이상의 최저 주거 공간제의 실시, 격벽 방음 및 공간 확장 공사비의 국가 보조, 확장공사를 완료한 고시원에 대해서는 방세 보전 및 밀린 방세의 보증 보험료 국가 보조, 그리고 여름과 겨울철 냉난방 전기료의 감면 조치가 필요할 것이다. 또 국가에서 운영하는 여성 전용 고시원 및 고위험군 출소자에 대한 사법형 개인홈의 운영도 필요하다고 본다.

반지하 방에 거주하는 가족의 모습을 그린 봉준호 감독의 영화 『기생충』이 2020년에 아카데미상을 석권하면서 왜 이 시기에 이 영화가 세계인을 공감시켰는지는 자명하다. 2020년 현재 대한민국 국민 100명 중 5명은 최저 주거 기준에 못 미치는 주거공간에서 생활하며 그중 1명은 고시원 쪽방 같은 열악한 주거공간에 거주한다. "모든 국민은 건강하고 쾌적한 환경에서 생활할 권리를 가지며, 국가와 국민은 환경보전을 위하여 노력하여야 한다." 이는 대한민국 헌법 제 35조 3항에 나오는 말이다. 삶에 필요한 최소한의 주거공간 확보는 인간이 누려야 할 가장 기본적인 인권의 문제이며, 지금이야말로 주거 빈곤 서벌턴과의 상생과 공생에 관한 사회적 관심과 아이디어가 그 어느 때보다 절실한 시기이다.

| 참고문헌 |

세라 W. 골드 헤이건(2019) 『공간혁명-행복한 삶을 위한 공간 심리학』, 윤제원 옮김, 다산 사이언스

白波瀬 達也(2017) 「特集論文: 貧困問題＞貧困地域の再開発をめぐるジレンマ: あいりん地区の事例から」『人間福祉学研究』10巻1号, 関西学院大学.

水野有香(2012) 「日本における派遣労働」『社会政策』第四巻第二号, 社会政策学会.

坂庭国晴(2014) 「「脱法」ハウスの現状と課題:求められる具体的住宅政策」『建設政策』(156), 建設政策研究所.

年報・死刑廃止編集委員会(2018)『オウム死刑囚からあなたへ年報・死刑廃止2018』インパクト出版会.

富山健(2008) 「ネットカフェ難民の実態と構造的問題」『民医連医療』426, 全日本民主医療機関連合会.

水島 宏明(2008) 「「ネットカフェ難民」急増の構図"貧困ビジネス"が弱者を食い物にする(特集いま隣にある貧困)」『中央公論』123(4), 中央公論新社.

「東京や大阪、「ネットカフェ難民」の居場所確保が急務」『NEWS JAPAN』2020.4.13. https://www.bbc.com/japanese/52266214(검색일: 2020.6.27)

「住居喪失不安定就労者等の実態に関する調査」の結果2018年01月26日/東京都福祉保健局(トップページ＞都政情報＞報道発表＞これまでの報道発表＞報道発表／平成30年(2018年)＞1月＞「住居喪失不安定就労者等の実態に関する調査」の結果) https://www.metro.tokyo.lg.jp/tosei/hodohappyo/press/2018/01/26/14.html(검색일: 2020.6.27)

「簡易宿泊所の隣人を刺す、殺人未遂の疑いで無職の男を逮捕/横浜」『神奈川新聞』社会 2011.6.13. https://www.kanaloco.jp/article/entry-89853.html(검색일: 2020.6.27)

「東京都台東区の簡易宿泊所で殺人事件61歳無職男が知人男性刺す」『Christian today』2015.12.30. https://www.christiantoday.co.jp/articles/18384/20151230/tokyo-taitoku-nihondutsumi-murder.htm(검색일: 2020.6.27)

「宿泊所で首切られ男性死亡殺人未遂容疑で入所者逮捕」『産経新聞』社会, 2019.10.20. https://www.sankei.com/affairs/news/191020/afr1910200038-n1.html(검색일: 2020.6.27)

원고 초출

제1장 일본 고전으로 본 권력과 여성 핍박 문명재

「일본 고전으로 본 권력과 여성 핍박」『일본연구』제84호, 한국외
국어대학교 일본연구소, 2020년 6월.

제2장 정치권력과 이민족 전승 김영주
이민족 인식의 시대적 변화

「일본 고전에 나타난 이민족 인식」『日本學研究』제61집, 단국대학
교 일본연구소, 2020년 9월.

제3장 하치오지센닌도신(八王子千人同心)을 통해 본 에도시대 양익모
신분제의 모순

「하치오지센닌도신(八王子千人同心)을 통해 본 에도시대 신분제의
모순」『日本思想』제40호, 한국일본사상사학회, 2021년 6월.

제4장 만주사변(滿洲事變) 직후 프롤레타리아 시인의 사상적 경향 박상도
마키무라 코(槇村浩)의 수감생활을 중심으로

「만주사변(滿洲事變) 직후 프롤레타리아 시인의 사상적 경향-마
키무라 코(槇村浩)의 수감생활을 중심으로-」『한일군사문화연구』
제32권, 한일군사문화학회, 2021년 8월.

제5장 일본군 '위안부' 문제 공론화와 일본 문학 　　　　　　 강소영
후루야마 고마오(古山高麗雄)「매미의 추억」전후

「일본군 '위안부' 문제 공론화와 일본 문학－후루야마 고마오(古山
高麗雄)「매미의 추억」전후－」,『일본어문학』제89호, 한국일본어
문학회, 2021년 6월.

제6장 피폭여성문학자 하야시 교코(林京子)의 원폭문학 　　　　 오성숙
원폭의 범죄성(정치권력)에 대항하는 서벌턴 여성 피폭자의
침묵과 증언을 중심으로

「피폭여성문학자 하야시 교코(林京子)의 원폭문학－원폭의 범죄
성(정치권력)에 대항하는 서벌턴 여성 피폭자의 침묵과 증언을 중
심으로－」『일본어문학』제95호, 일본어문학회, 2021년 11월.

제7장 한일 일용직 노동자 주거공간에서의 사건 사고를 통해 본 　 금영진
주거 빈곤 서벌턴 문제와 그 대책

「한일 일용직 노동자 주거공간에서의 사건 사고를 통해 본 주거 빈
곤 서벌턴 문제와 그 대책」,『일본연구』제85호, 한국외국어대학교
일본연구소, 2020년 9월.

저자약력

문 명 재

한국외국어대학교 일본어과 및 동 대학원 일어일문학과를 졸업하고 일본 고베대학 대학원 석박사과정을 졸업한 후 문학박사 학위를 취득했다. 현재는 한국외국어대학교 일본언어문화학부 교수로 재직 중이다. 저서로『일본설화문학연구』(보고사, 2003),『설화문학으로 본 일본문화』(한국외대지식출판원, 2017) 등이 있고,「『今昔物語集』의 창의성 고찰－역사와 설화 사이－」등, 한일 설화문학을 중심으로 한 다수의 논문을 발표하였다. 최근에는 일본 고전문학을 바탕으로 하여 일본의 참모습을 밝히는 데 관심을 가지고 연구를 진행하고 있다.

김 영 주

한국외국어대학 일본어과를 졸업하고 일본 릿쿄대학에서 문학박사를 취득했다. 일본고전문학(신화 설화) 전공. 현재 한국외국어대학교 등에서 강사로 재직 중이다. 옮긴 책으로『숲에서 자본주의를 껴안다』,『지금 다시, 칼 폴라니』,『인구감소사회는 위험하다는 착각』등이 있고, 주요 논문으로「일본 중세신화 연구－신공황후신화를 중심으로－」등이 있다.

양 익 모

한국외국어대학교 일본어과를 졸업하고 일본 도쿄외국어대학교에서 박사학위를 취득했다. 일본 근세사 전공. 현재 한국외국어대학교 강사. 주요 논문으로는「에도시대의 다이묘 개역(改易)과 수공(收公)에 대하여－마쓰모토번(松本藩) 사례를 중심으로－」,「근세 다이묘가의 재흥으로 본 막번관계－스오국 도쿠야마번을 중심으로－」,「다이묘의 동조궁 권청에 관한 연구－막번의 상호인식을 중심으로－」등이 있다.

박 상 도

한국외국어대학교 일본어과 졸업 후 동 대학원 일어일문학과 석사과정 수료. 일본 오사카외국어대학 대학원 언어사회연구과 언어사회전공 언어문화학 박사. 현재는 서울여자대학교 인문대학 일어일문학과 교수로 재직 중이다. 일본의 근현대시와 기독교수용 및 문화풍토에 대한 관심을 갖고 있다. 주요 논문

으로 「마키무라 코(槇村浩) 시에 나타난 <하위주체> 연구」, 「나카하라 츄야 문
학의 종교성」, 「전시기(戰時期) 사계파 시인의 서정에 대해서」 등이 있으며,
공저『일본근현대문학과 전쟁』(2016), 『일본문학 속의 기독교 11』(2019), 공
역『금엽와카집, 사화와카집』(2019), 『습유와카집』(2018) 등이 있다.

강 소 영
한국외국어대학교 일본어과를 졸업하고 동대학원에서 일본근대문학을 전공
했다. 오사카대학교 대학원 문학 연구과에서 문화 표현론 전공(한일비교문학
전문분야)으로 문학박사 학위를 취득한 후 줄곧 '한일비교문학·비교문화' 관
련 연구와 교육을 해왔다. 현재 한국외국어대학교 일본연구소 전임연구원. 주
요 논문으로는 「'조선색'과 문화적 인종주의-『조선고유색사전』(1932) 분석을
통하여-」, 「불령선인(不逞鮮人)의 소환과 문화적 인종주의」, 「일본인 '위안부'
피해자의 말하기-시로타 스즈코(城田すず子)의 텍스트를 통해-」 등이 있다.

오 성 숙
일본 쓰쿠바대 문학박사 취득, 한국외국어대학교 일본연구소 전임연구원.
일본근현대문학, 문화, 미디어를 전공하고 현재는 중일전쟁기과 아시아·태평
양전쟁기, 점령기의 '전쟁과 여성, 폭력', '문학과 전쟁책임', '피폭자'에 관심
을 갖고 연구하고 있다. 주요 논문으로는 「요시야 노부코 문학의 전쟁책임-'전
쟁미망인'을 둘러싼 담론을 중심으로-」(2017.3), 「패전·점령의 여성해방과
가스토리 잡지 시대」(2020.12), 「문화권력과 서벌턴 피폭자 문학」(2022.4) 등
을 비롯하여, 공저『일본근현대문학과 전쟁』(2016), 공역『전쟁과 검열』(2017)
과 역서『일본 근현대 여성문학 선집 16 오타 요코』(2019) 등이 있다.

금 영 진
한국외국어대학교 일본어과 졸업 후 동 대학원 일어일문학과 석사과정 수료.
일본 규슈대학 대학원 인문과학부 국문학 석사 및 박사과정 수료 후 릿교대학
일본학 연구소 및 일본학술진흥회 외국인 특별 연구원. 현재 한국외국어대학
교 일본언어문화학부 강의중심교수로 재직중이다. 저서로『東アジア笑話比較
研究』(勉誠出版, 2012)가 있고『東アジアの古典文学における笑話』(新葉館出版, 2017),
『東アジアに共有される文学世界-東アジアの文学圏-』(文学通信, 2021)등을 함께
썼다.

218

이 저서는 2019년 대한민국 교육부와 한국연구재단의 지원을 받아 수행된 연구임.(NRF-2019S1A5C2A02081178)

일본 사회의 서벌턴 연구 1
정치권력과 서벌턴

초 판 인 쇄	2022년 06월 03일
초 판 발 행	2022년 06월 10일
저　　　자	문명재 · 김영주 · 양익모 · 박상도
	강소영 · 오성숙 · 금영진
발 행 인	윤석현
발 행 처	제이앤씨
책 임 편 집	최인노
등 록 번 호	제7-220호
우 편 주 소	서울시 도봉구 우이천로 353 성주빌딩
대 표 전 화	02) 992 / 3253
전　　　송	02) 991 / 1285
홈 페 이 지	http://jncbms.co.kr
전 자 우 편	jncbook@hanmail.net

ⓒ 문명재 외 2022 Printed in KOREA.

ISBN 979-11-5917-212-0　94300　　　　　정가 15,000원
　　　 979-11-5917-211-3　(set)